中公新書　2472

JN159481

吉田　類著

酒は人の上に人を造らず

中央公論新社刊

千鳥足はラテンのリズムで——長めのまえがき

我が出身県・高知で酒を飲む機会が増えたのはここ一〇年のことだ。そして、そのたびごとに、土佐人《とさじん》の持つ〃土着性〃について印象を膨らませている。特に土佐流の独特な飲酒習慣がそう思わせるのかもしれない。

古くは平安時代前期の歌人、紀貫之《きのつらゆき》が著した『土佐日記』に、土佐人の酒宴好きを垣間見《かいまみ》ることができる。仮名文字で書かれた日記は、承平《じょうへい》四（九三四）年十二月二十一日から、翌年二月十六日に京へ戻るまでの五五日間の旅が綴《つづ》られている。紀貫之は帰京の旅に要した日数の半分以上を土佐の地で過ごしている。土佐国府（現在の南国市《なんごくし》）から土佐湾に沿って海路で東へ移動し、室戸《むろと》岬の手前にある室津《むろつ》港を目指す。土佐湾の海岸線の三分の一ほどの行程となる。距離の割に移動日数が甚だ多い。けれど、単に海が荒れての足止めばかりではない。手間取った最大の理由は、「餞《はなむけ》」と称する送別の酒宴が連日のように催されたからだ。果ては、舟航中に酒肴《しゅこう》を持って追いかけてくる者や、舟へ差し入れする者までいた。国司の任を終え、人格的円熟期にある紀貫之といえども、土佐流のもてなし攻勢に呆《あき》れ気味の様子も匂《にお》わせる。また、貫之は土佐国での在任中、最愛の娘に先立たれている。そんな痛哭《つうこく》の思いを秘めた歌仙・紀貫之に対する人々の人気は高まり、送別会へ押し寄せたことが想像される。

師走《しわす》から年明けにかけての日記は、漢詩や和歌の記述が増え、歌人らしい側面を見せている。けれども下手な歌を詠む大人に興ざめさせられるかと思えば、歌の上手な子供が座を沸かせたりと、おかし味を込めての日記内容。とにかく室津から出港する一月二十一日まで、風流と酔いのカオスが混在する土佐流送別会は続いた。

僕が初めて土佐流酒宴の洗礼を受けた時は、いくぶん戸惑った。宴が、酔って歌って踊る平安時代のノリと変わらないからだ。土佐酒のムック本製作に協力してくれた地元出身のカメラマンの一人が、打ち上げの酒席で〝民権数え歌〟の替え歌を披露したいと言い出した。

編集仲間が集ったのは、午前十一時からオープンしている庶民的な居酒屋の二階。一〇畳前後の座敷席で、仕切りは襖《ふすま》一枚の宴会向けの使い込まれた和室だった。ほろ酔ったカメラマンは、小皿を二枚ずつカスタネットの要領で日焼けした両手の指に挟み、やおら立ち上がった。一言口上を述べた後、カッチ、カッチ、カッチと小皿を器用に打ち鳴らしながら手踊りし始めた。

〝♪ひとつとせ〜、一人娘と……〟と、大方の大人は聞き覚えのある戯春歌《ざれしゅんか》。だが、数え歌はどこまでも続き、一心不乱に大声を張り上げている。他の同席者は替え歌なんぞどこ吹く風。おのおの気の合った相手とマイペースで盃《さかずき》を交わす。替え歌も二〇番目ほどになった時、年配の仲居さんが来て半分開けっ放しだった襖をピシャリと閉めた。他の座敷席には、家族連れや女性グループもいるからだ。いったい、いくつまで数えたのか記憶にない。まして蛸踊《たこおど》り状態のカメラマンは、真摯《しんし》な歓待の意を表しているつもりだから手に負えない。

ちなみに、自由民権運動の活動家だった植木枝盛《うえきえもり》が作詞した〝民権数え歌〟は、こんな内容が歌われる。

「一ツトセー、人の上には人ぞなき、権利にかわりがないからは、コノ人じゃもの」、「二ツトセー、二ツとはない我が命、捨てても自由のためならば、コノいとやせぬ」、僕の聞いたところでは二〇番目まであった。後半は、新体制へのシニカルな批判内容が濃くなる。原文のカタカナ表記の部分は、数え歌らしい調子を整える目安だろうか。この〝民権数え歌〟に少なからず影響を与えたのが福沢諭吉《ふくざわゆきち》だ。『学問のすすめ』でアメリカ合衆国の独立宣言から引用した「天は人の上に人を造らず……」の一節は名高い。もっとも、土佐人は物事の白黒をはっきりさせなければ我慢できない性分と言われる。あくまで民権を第一義とする植木枝盛にしてみれば、福沢らの啓蒙《けいもう》思想はご都合主義として相容《あいい》れなかった。

赤裸々な土佐人気質を肴《さかな》に飲む酒場がある。自らも酒を呷《あお》りながら接客する店主の父と、注文に応じて淡々と調理する娘姉妹とで賄《まかな》う。L字型のカウンターが延びているだけの古びた木造建築。壁のメニューや書付、一見無造作に置かれた皿や徳利《とっくり》など、ともすれば猥雑《わいざつ》な印象を受ける客も少なくないだろう。ところが、なぜか客足の絶えない人気店だ。

「よう来てくれたねー、素人料理の汚い店へ」

太い声の店主が両腕を広げ、ハグで迎える。「珍々亭」店主の言葉どおり、美食を求めて来る客などいない。地元で採れる旬の食材に、土佐酢やニンニクを効かせた田舎料理で十分らしい。それでも定番酒の銘柄〝桂月《けいげつ》〟は重宝されている。銘柄名は、高知市出身で明治、大正に活躍した文人・大町《おおまち》桂月から取っている。美しい擬古文《ぎこぶん》で、北海道をはじめ日本各地の山岳風景がテーマの紀行文、詩歌に長《た》け、晩年、依存症となるほど酒を好んだ。酒の銘柄名となって本望に違いない。

「フルーティーとかの飾りっ気はないけんど、ボクと同じで親しみやすい味わいやねえ」

〝桂月〟を評する店主は相変わらず屈託がない。僕の隣で話し込む父へ、姉妹のどちらかが二合徳利の燗酒《かんざけ》をカウンター越しにポンと置いた。二人とも体格が良く、飄々《ひょうひょう》と事を運ぶ。父は、娘たちに〝あおぞら〟と〝うらら〟と名付けた。姉妹の間にもう一人息子がいる。

「息子の名前、当てられるかよ」

そこで〝桃太郎〟と即答したら、ズバリ的中。小学校時代、学芸会で演じた桃太郎の役が閃《ひらめ》いたにすぎなかったけれど、店主はポカンと呆気《あっけ》にとられていた。家族像が見えてきたものの、母親の存在は靄《もや》の中だ。訊《たず》ねてはならない事情があるかもしれない。そんな僕の躊躇《ちゅうちょ》を読み取ったのが、妹の〝うらら〟さんだ。二本目の徳利をさりげなく置きながら語った。

「もう一人我が家にいた女性は、お豆腐買いに行ったっきりなんですがね」

と、冷ややかに微笑《ほほえ》む。なるほど、納得したけれど、返す言葉はなかった。同時に、高知出身の漫画家・西原理恵子《さいばらりえこ》さんの性に関する名言を思い浮かべた。

「そんなもん、洗《あろ》たら、また使えるやん」

彼女との対談中のことだったが、やはり返す言葉なし。とかく高知の女性は〝ハチキン〟と言われるほどたくましい生活力を持つ。〝八金《はちきん》〟は、男性四人分の意味らしい。あの母性的な色香を湛《たた》えた漫画家は〝二十四金〟と称しても足りない才女だろう。

高知県には、女性解放運動の先駆け、通称「民権ばあさん」と呼ばれた楠瀬喜多《くすのせきた》さんがいた。彼女は自由民権運動と連動して明治前期（一八八〇年九月）、区町村のレベルではあるが、一家の戸主に限り女性参政権を認めさせた。残念ながら数年で頓挫《とんざ》したが、土佐の潜在的な女性解放への意識はかなり高かったと思える。

同じく高知出身で、二〇一四年の初頭に亡くなられた小説家・坂東眞砂子《ばんどうまさこ》さんもユニークな性意識の持ち主として知られている。二〇〇一年に偶然観た映画「犬神」は、坂東さんの『狗神《いぬがみ》』が原作だった。描かれた舞台が土佐和紙の里だったことで浅からぬ因縁を感じた。物語に展開する近親相姦の性描写は、妖艶《ようえん》な肢体を持つ女優・天海祐希《あまみゆうき》さんの演技のせいかファンタスティックに映った。

坂東さんは高知県佐川町《さかわちょう》の生まれ。高知市内の酒場で同席できたのは一度きりだった。

賑《にぎ》わいも佳境の酒場に入った時は、一人の南方系の筋肉質な男性が酔い潰れて介抱されていた。土佐流の返杯を繰り返す接待でも受けたようだ。慣れない者はおおむね潰される。結局、坂東さんが男性をホテルへ送り届けてから、飲み直しとなった。会話はおぼろながら、著書の『狗神』にはモデルのカップルが存在したという件《くだり》だけは記憶している。

おっと、土佐の〝ハチキン〟が走馬灯となってめぐるうち、「珍々亭」は暖簾《のれん》仕舞いの時間だ。引き際が肝心とばかり、定宿にしているホテルを目指した。

「たまに抜かにゃあ、錆《さ》びるぜよ～」

店主の声が打ち水のように発せられた。底抜けに明るい。〝酒は人の上に人を造らず〟か。

僕は、振り向くことなく手を左右に振った。

酔いが足元でグルグル回り、南国らしいラテンのリズムに合わせたくなる。至って上機嫌ながら、はたから見ればゾンビダンスさながらかもしれん。

♪チャオ、チャオ、ゾンビ～ノ……。

酒は人の上に人を造らず　目次

Ⅳ 横丁を渡る月 133

稚内市
小樽市
札幌市
栗山町
北海道
松前町
函館市
むつ市
青森市
青森
八戸市
東京23区
板橋区
足立区
北区
練馬区
荒川区
葛飾区
豊島区
中野区
台東区
文京区
墨田区
杉並区
新宿区
江戸川区
千代田区
渋谷区
江東区
中央区
港区
世田谷区
目黒区
品川区
大田区

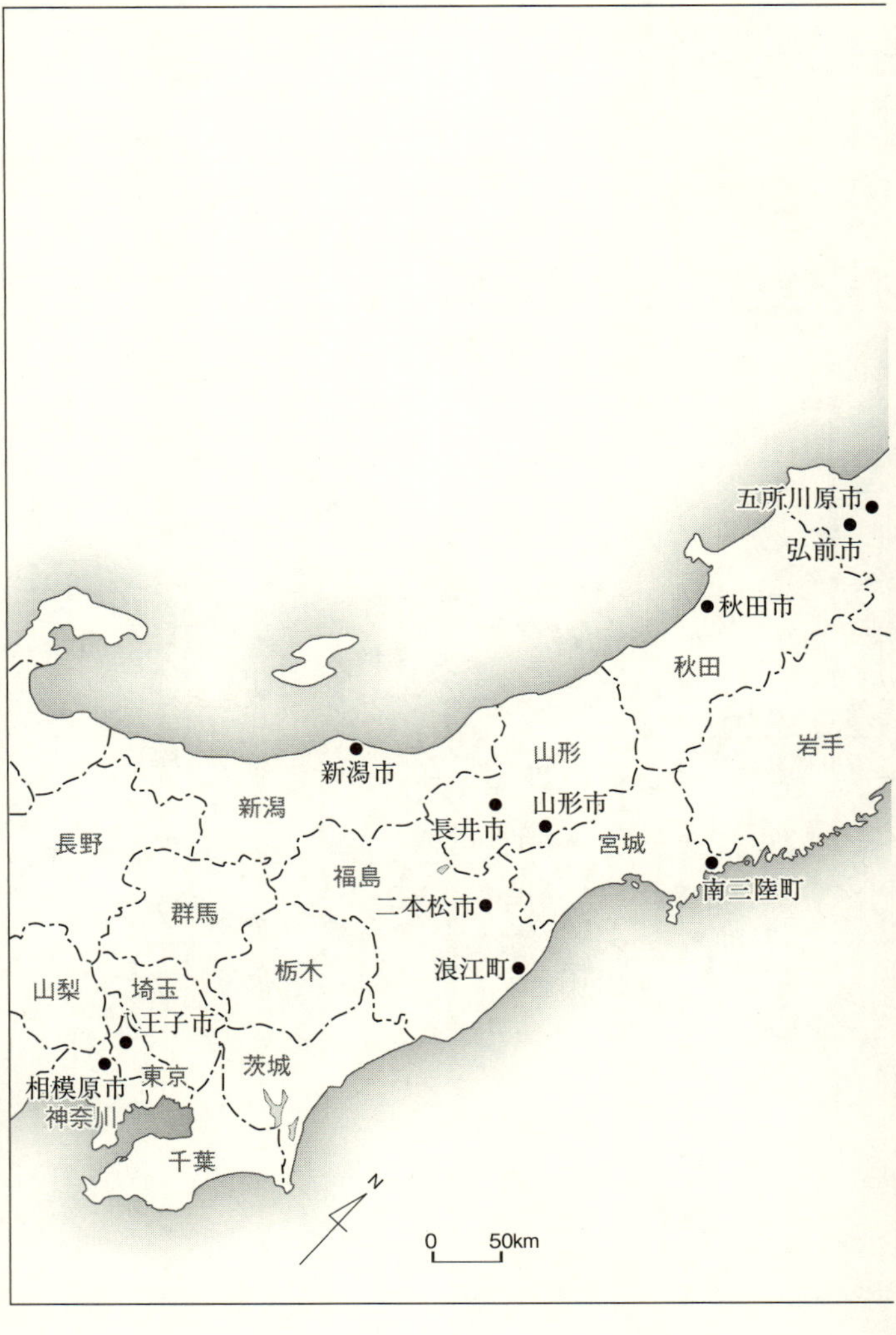
五所川原市
弘前市
秋田市
秋田
岩手
山形
新潟市
山形市
新潟
長井市
宮城
長野
福島
南三陸町
二本松市
群馬
浪江町
栃木
山梨
埼玉
八王子市
茨城
東京
相模原市
神奈川
千葉
N
0
50km

鳥取
岡山
伊根町
宮津市
石川
富山
福井
高山市
兵庫
京都
京都市
岐阜
長野
香川
滋賀
大阪市
徳島
大阪
桜井市
愛知
山梨
徳島市
奈良
和歌山
三重
十津川村
静岡
田辺市
那智勝浦町
N
0
50km

島根
山口
広島市
広島
佐世保市
佐賀
福岡市
長崎
福岡
長崎市
大分
松山市
熊本市
愛媛
熊本
仁淀川町
高知
佐川町
宮崎
鹿児島
枕崎市
いの町
高知市
南国市

酒は人の上に人を造らず

I

さくらさくらで一杯

鎮守の森のひとしずく

広島市での宿泊は、宇品島《うじなじま》にある大型のリゾートホテル「グランドプリンスホテル広島」だった。広島県は名酒どころ。「主食は〝酔心《すいしん》〟」と豪語した日本画家・横山大観《よこやまたいかん》と、三代目の蔵元・山根薫《やまねかおる》のエピソードが面白い。大観は「酒づくりも、絵をかくのも芸術だ」とし、互いに意気投合。三代目は一生分の〝酔心〟を大観に贈ると約束した。そして、お返しにと毎年寄贈された作品で「大観記念館」を造った。

「日本のウイスキーの父」竹鶴政孝《たけつるまさたか》をモデルにしたテレビの〝朝ドラ〟がヒットしたが、政孝の実家も広島の酒蔵だ。今では、〝竹鶴〟銘柄の酒を東京でもよく見かける。

僕の広島酒との出会いは、JR中央線中野《なかの》駅、中野サンモール商店街の奥にある炉端《ろばた》風のこぢんまりとした居酒屋「路傍《ろぼう》」。呉《くれ》の酒〝千福《せんぷく》〟の樽酒《たるざけ》を頂くのが常だった。カウンター脇《わき》にデンと座した一斗樽が存在感を放っていた。渓流釣りの好きな夫婦が賄《まかな》い、飄々《ひょうひょう》とした接客ぶりが客との妙なる距離感を保つせいか、マイペースな独酌《どくしゃく》に向く。

〝千福〟を飲ませる店は、同じ沿線の大久保《おおくぼ》駅の近くにもあった。

「この酒は〝井伏《いぶせ》先生〟から是非とも置くようにと言われました」

色白で艶《あで》やかな老女将《おかみ》は、静かな口調で応じてくれた。広島出身の小説家・井伏鱒二《ますじ》も愛飲したようだ。井伏が一九九三年、九十五歳で没してから七〜八年経《た》ったころのことだった。女将は〝文豪の愛した女〟なんてゴシップめいた評判を気にかけていた。井伏鱒二の縁者への気遣いからだ。僕も、女将と小説家のプライベートに配慮しながら〝千福〟を頂いた覚えがある。

僕が今回広島を訪れたのは、酒蔵めぐりツアーに参加した人々との交流イベントが催されるからだ。地酒による乾杯はお約束どおりの運び。テーブルに揃《そろ》った広島の地酒から、乾杯酒として選んだ銘柄は〝龍勢《りゅうせい》〟と、自作の俳句に詠ませてもらったことのある〝雨後の月〟だった。

「独酌に雨後の月冴《さ》ゆひとしずく」

〝月冴ゆる〟は冬の季語で、冴えわたった月影を意味する。〝ひとしずく〟は、超軟水の仕込み水で醸《かも》した透明感のある酒の〝一滴〟。

ひところ、広島の酒味は総じて甘口の〝おんな酒〟と評された。けれど甘く感じる酸味も、味に深みをもたらす大切な要素。美酒の味わいには欠かせない。軟水の仕込み水を使うと発酵がゆっくりと進み、ミネラルを含む硬水の仕込み水だと発酵速度が速い。前者は甘口の〝おんな酒〟。後者を辛口の〝おとこ酒〟と呼ぶ。

土佐の淡麗辛口の酒に〝おとこ酒〟を冠することがある。けれど僕の知る大手酒造会社の酒造りは広島杜氏《とうじ》によって醸され、しかも仕込み水は軟水。本来なら広島と同じ甘口の〝おんな酒〟となっても不思議はない。となると、〝おとこ酒〟〝おんな酒〟を区分けする基準は曖昧《あいまい》なのかもしれない。酒は、その土地の風土、作り手によって多種多様の味わいを持つ。僕も飲んだ酒味のイメージが膨らむと、擬人化して評することもある。たとえば新潟県の口当たりのすっきりした酒は〝美人酒〟、福島県の旨口《うまくち》の地酒を〝妖艶《ようえん》な美女〟といった具合だ。

イベントの打ち上げも終え、ほろ酔い気分でホテル一八階の客室へ戻った。洗面台に向かい蛇口へ手をかけようとした時、〝飲めます〟の札が目に留まった。逗留《とうりゅう》しているホテルは、広島湾へ突き出た平坦な陸繋島《りくけいとう》の小島に建つ。展望風呂、温泉、プールと贅沢《ぜいたく》な水利事情が不思議に思えた。しかも雪と雨による地下水を貯えた中国山地は、遥《はる》か彼方《かなた》。

翌朝、客室のカーテンを開けた。すると、眼前に立ちはだかる巨人のような森は、眼下のプールサイドから二三階のラウンジあたりまでせり上がっている。その背後に瀬戸内《せとうち》の大パノラマが広がる。森は島の西半分を占める元宇品《もとうじな》公園で、瀬戸内海国立公園特別地域に指定されていた。地に深く根を張り、保水力に優れた常緑広葉樹の原生林。瀬戸内の風に森の青葉が騒ぎ、巨大な緑の心臓が脈打つ。

「広島市は河川が多くて、水が豊富なんです」

フロント係の言葉どおり、森は水に潤う大地ならではの風景だろう。宇品島は市の中心街にある原爆ドームから五キロほど離れているが、ほぼ無傷で残ったという。ひょっとして元宇品公園は、一種の〝鎮守の森〟としての役目を担ったのではなかったろうか。周囲三キロ、標高五二メートルの島の頂上付近一帯は、都市計画区域内に特別指定された自然保護エリア〝風致《ふうち》公園〟として整備された。都市生活者と自然との共存。理想的な成功例の一つと思う。

ホテルの朝食を終え、松山行のフェリー埠頭《ふとう》へ移動した。僕が乗り込む中型の高速船は、呉港を経由して瀬戸内を横断する。松山行の目的は、道後《どうご》温泉そばの子規《しき》記念博物館内にて行う「はがき歌」全国コンテストの最終審査を手伝うためだ。大切な誰かへ葉書に綴《つづ》って送る形式の短歌で、八〇〇〇を超える応募数の中から優秀賞を選ぶ。

今年（二〇一六年）は東日本大震災から五年目を迎える。南三陸《みなみさんりく》町役場防災対策庁舎で、迫りくる津波からの避難を呼びかけ続けた女性への「はがき歌」があった。最後までマイクを離さなかった彼女のおかげで大勢の命が救われている。愛する青年との結婚式を半年後に控えていた遠藤未希《えんどうみき》さん。葬儀はしめやかに執り行われたと聞く。

高速船は、春光に輝く呉港へ入った。煙突が聳《そび》え、もくもく白煙を吐くコンビナート。二隻《せき》のタンカーらしい巨大な船体が並ぶ。奥の埠頭には、海上自衛隊の様々なタイプの艦艇が横付けに停泊している。戦艦大和《やまと》の母港だった名残《なごり》が感じられた。観光気分で携帯電話カメラのシャッターを押しかけた途端、着信音が鳴った。折しも、沖縄上空を通過したミサイルの報道が転送されてきた。背中を恐怖に近い悪寒《おかん》が走る。美酒と珍味に親しみ過ぎた心の脆《ぜい》弱《じゃく》さかもしれん。航行する戦艦大和を目撃したという老人と出会ったことがある。周防大《すおうお》島《しま》のみかん畑でのこと。見たこともない巨大戦艦大和を、悲劇が待ち受けているなんて露も考えなかったそうだ。僕は衝動的に詠んだ短歌をメールで返信した。

「ミサイルの沖縄上空掠《かす》め飛ぶわれ呉港に大和を思ふ」

以後、瀬戸内の景色は灰色に見えた。松山港のフェリーターミナルへ着くと、「はがき歌」コンテストの進行スタッフの一人が満面の笑みで迎えてくれた。やがて歌の審査も、スムーズに終了。複雑な緊張感も解けたら、一杯が欲しくなる。松山空港からの最終便まで、小一時間の猶予があった。

「お付き合いしましょう」

子規記念博物館の館長・竹田美喜《たけだみき》さんが、察してくれた。さっそく道後温泉本館脇にある道後麦酒館《びーる》へ連れだって出かけた。じゃこ天、たこわかめの蒲鉾《かまぼこ》をツマミに、道後ビールと洒落《しゃれ》てみた。松山道後温泉にちなんだ〝漱石〟〝坊っちゃん〟〝マドンナ〟を冠したビールを呷《あお》って気分爽快《そうかい》。

帰り際、館長からお土産《みやげ》にと、百科事典並みの分厚い著書を手渡していただいた。一六年間、愛媛新聞発行のフリーペーパーで連載しておられた『竹田美喜の万葉恋語り』。相聞歌《そうもんか》（恋歌）を中心に計一五〇〇首が紹介されている。万葉歌の豊かな表現は、列島の移ろう大自然があってこそ誕生した。

「読み疲れたら、枕《まくら》代わりに使ってね」

館長の声が、機上となった旅空の耳底に木霊《こだま》している。現代に、歌を詠み送って恋を深めていく平安貴族のような男女関係はほぼない。分厚い書を膝《ひざ》に載せた途端、余計な想念が渦巻き始めた。「えーいっ」とばかりに捲《めく》ったページが、酒好きで知られる大伴旅人《おおとものたびと》の一首。

「験《しるし》なきものを思はずは一坏《ひとつき》の濁れる酒を飲むべくあるらし」

訳せば、「無駄な想念をめぐらすくらいなら、一杯の濁り酒を飲んだ方がいいよなあ」。旅人に戒められたかな。そこでキャビン・アテンダント（CA）さんに白ワインを所望した。

「どうぞ、お代わりもなさってください」

CAさんの弾んだ口調と意味ありげな笑み。僕の額《ひたい》に〝飲兵衛《のんべえ》〟とでも書いてあるかのようだ。

「ありがとう」

と、小さく頷《うなず》くのが精一杯だった。

酒神の降りてきた日

小京都の一つに数えられる飛驒高山《ひだたかやま》。古い町並みの保存エリアとして知られる上三之町《かみさんのまち》に、町家を改装した喫茶店があった。店は黒い格子とモダンで格調高いインテリアが特徴。居合わせた店主と意気投合し、会話の弾むうちに放蕩《ほうとう》話の聞き役となった。若いころの店主は、京都祇園《ぎおん》の茶屋に入れ込んだらしい。だが、紹介者のいない一見《いちげん》客はお断りの花柳界。しかも二十代後半の若造に信用などない。ダンプの運転で稼いだ現金を用意し、まずは客としてではなく、顔を覚えてもらうために茶屋へ通い詰めた。

「なんとしても、本場で遊びたくてね」

やっとのことで、夢のお座敷遊びが叶《かな》えられた。ひょんなことで顔見知りとなった著名作家の口添えが功を奏したようだ。実家を全く顧みることのなかった放蕩時代。聞くほどに、祇園と〝龍宮〟のイメージが重なってくる。

「ええ（良い）思い出です」

少しはにかんだような笑顔で言い添えた。今の落ち着いた物腰を思えば、若き日の放蕩も無駄ではなかったのだろう。それにしても、帳場風レジの奥へ消えた女将らしき人影。和服の着こなしが垢抜《あかぬ》けしている。祇園の話と絡んで印象深い。

数年の後、祇園を体験できる機会が僕にもめぐってきた。京都で雑誌の記事を依頼されたのが事の起こり。編集部の相談役Fさんに祇園を案内していただく運びとなった。

「ほな、行きましょか」

四条通と花見小路の交差点で車を降りた。通りを挟んでお茶屋「一力亭《いちりきてい》」のベンガラ色の漆喰《しっくい》壁が際立つ。花見小路へ入ってほどなく新橋通を左折する。そのまま白川を渡れば祇園発祥のエリア。伝統的建造物群保存地区・祇園新橋となる。白川に架かる小さな〝巽橋《たつみばし》〟は、観光客の撮影スポットだ。

「ほんのちょっと下った先に、吉井《よしい》勇《いさむ》の歌碑があります」

「かにかくに祇園はこひし寝《ぬ》るときも枕のしたを水のながるる」と、刻まれている。吉井勇は、伯爵の爵位を持つ歌人であった。大正時代の流行歌「ゴンドラの唄《うた》」（作曲／中山晋平《なかやましんぺい》、歌／松井須磨子《まついすまこ》）の作詞で広く知られている。

〽いのち短し　恋せよおとめ　赤き唇　あせぬ間に〃

歌詞も美しい七五調。なんとも艶やかな祇園情緒に、ほろ酔う。ところで、吉井は高知の山里に三年間ほど隠棲《いんせい》したことがある。この時期、高知の酒「瀧嵐《たきあらし》」（高知酒造）を愛飲していた。その銘柄名を詠み込んだ歌が残されている。

「瀧嵐このうま酒を酌む時の恋にかも似る酔心《よいごころ》かな」

目指したお茶屋〃H〃（現在はカフェ）は目と鼻の先だった。狭い玄関口から廊下を曲がってすぐの座敷へ通された。壁側にはカウンターを設《しつら》えてあり、ガラス戸越しに坪庭が眺められる町家型のお茶屋建築。ここでビールを飲みながら、舞妓《まいこ》さんの到着を待つ。

「親父の代からの付き合いですわ」

Fさんは、少年時代に父親のお供で訪れているという。間を置かず大女将が挨拶《あいさつ》に来た。

「芸子はんが揃うたから、二階の御座敷へお上がりやす……」

そう大女将は言ったように聞こえたけれど、正確な祇園言葉を覚えていない。とにかく僕を含む客の五人ほどが座についた。いよいよ二人の舞妓さんと、やや遅れて三味線《しゃみせん》専門の芸妓さんを含めこちらも総勢五人で座敷を彩った。コミュニケーション術に長《た》けた芸妓衆と、場馴《ばな》れしたFさんのおかげで寸時に場が和んだ。「祇園小唄」に合わせて二人の舞妓さんが舞う。次いで、芸妓さんたちの主導でお座敷遊びの数々。いずれもお囃子《はやし》が客たちを調子に乗せる。

客が積極的に寸劇を演じるようになると、文字どおりの〝宴たけなわ〟、童心に戻ってはしゃぐ。近年、女性客にも人気となったお座敷遊びツアーなら、このあたりで〝お開き〟の準備が整う。しかし、その夜のハイライトは違った。

〝ベロベロの神様〟が祇園へ降臨してくるのは、夜の観光客の引けごろからだ。お迎えの儀式は至って単純。一本の割り箸《ばし》の先を折り曲げ、神主がお祓《はら》いに使う幣串《へいぐし》代わりとする。幣串の幣部分に箸袋をくくりつけると、よりそれらしい。酒宴の参加者全員で車座をつくれば儀式の始まり。輪の中の一人が神主役となって、合わせた両手に割り箸を挟む。あとは、錐《きり》揉《も》みの要領で割り箸を回しながら、テーマソングを唱和すればいい。

〝ベロベロの〜神様は〜正直な神様で〜おササの方へと赴きゃれ〜ええ、赴きゃれ〜〟

と、歌い終えると同時に揉み手をストップ。折れ曲がった割り箸の先が指した者へ神様は降りてくる。盃《さかずき》には酒が注がれ、囃し立てられ一気飲み。今度は、飲み干した者が神主役を務める。この儀式が、いつまで繰り返されるかは神のみぞ知る。自分が盃を何度呷ったかなど知る者とていない。最大の御利益《ごりやく》は、誰一人、二日酔いしなかったことかもしれん。

歌詞の〝おササ〟は、無論お酒。〝赴(趣)きゃれ〟(赴き遣《や》れ)が雅《みやび》な古語らしくて京にふさわしい。ところによって歌詞も異なれば、バリエーションもある。だが、酔っ払いの神様が歌詞にこだわりを持ったところで、しょせんベロベロ。致し方ない。

〝ベロベロの神様〟のお座敷遊びは高知県の花柳界でも流行《はや》っていた。しかも、お座敷遊びに使う小道具が割り箸とは比べようもない凝った焼き物で作られている。てっきり幕末時代の土佐藩士たちが関わっているものと思っていた。どうやら、それは僕の思い込みに過ぎなかったようだ。故郷の仁淀川《によどがわ》水系の湧水《ゆうすい》で仕込まれた酒銘柄「船中八策」などで知られる司牡丹《つかさぼたん》酒造の竹村昭彦《たけむらあきひこ》社長がネット上に曰《いわ》く、先代社長であった父親が京都から持ち帰って広めた、とのこと。

高知では三月上旬、土佐の「おきゃく」と呼ぶ酒宴を中心としたイベントが県を挙げて催される。幕末の土佐藩主だった山内容堂《やまうちようどう》は〝鯨海酔侯《げいかいすいこう》〟を自称。〝海の鯨のように飲んで酔った殿様〟の意だ。これにちなんだ酒銘柄「酔鯨」（酔鯨酒造）の名は大方の酒飲みが知るところだろう。酔った鯨が土佐の海を尾鰭《おひれ》で叩《たた》き打つ光景と、映画「十戒」でモーゼが猛々《たけだけ》しく海を割るシーン。これらのイメージを詠んだ自作の一首。

「酔鯨のもんどり打つて土佐の海モーゼの咆哮《たけび》さながらに割《さ》く」

今年（二〇一六年）の三月、テレビ番組「NHK短歌」で披露させていただいたばかりだ。

ここ数年、土佐での酔いが〝鯨海酔侯〟並みではなかったかと気がかりでならない。この短歌には、そんな危惧《きぐ》も込めている。酒に対する高知独特の寛容さは、こよなく危険な誘惑だ。なんと、高知でのラジオ収録の当日は「おきゃく」イベントの興奮がピークに達する最終日前日。取材対象が酒宴そのものだから、万事休す。僕と相棒の谷本美尋《たにもとみひろ》アナウンサーは、マイクを手に酒浸りたちの海へ漕《こ》ぎ出した。

帯屋町《おびやまち》を中心とするアーケードは、飲食用の枡席《ますせき》、卓席が設けてあり、おでん、牛ステーキ、トマトなどの売り場も混在。酒場に縁日を重ねたような賑《にぎ》わいだ。多人数を相手の乾杯となるのは必至、もう酒量に歯止めがきかん。辿《たど》り着いたのが、メイン会場の中央公園入口。ほろ酔い眼《まなこ》を見開けば、〝ベロベロの神様〟が正面に鎮座しているではないか。頭に徳利《とっくり》を載せ、酔っ払った目はロリポップ風うずまきキャンディー。フィギュア作家のデハラユキノリ氏のデザインによるユニークな像だ。素っ裸でピンク色の座敷童《ざしきわらし》を連想させる。相変わらず乾杯の嵐は続いていた。交わす笑顔はみなチャーミング、飛び抜けた美女の多さに酔いも極まる。酒という名の利尿剤が溜《た》まればトイレに走る。また乾杯、またぞろ走るの繰り返し。タッチの差で滴《しずく》が洩《も》れても気に留めてなどいられない。今度は白ワインで隣のご婦人と〝カンパーイ〟。あれっ、ここは雲上の天国。それとも機内？　斑《まだら》に抜け落ちる記憶を物ともせず、閑散とした羽田《はねだ》空港へ降臨した。手押しのカートを蛇行させてトイレへ走り込む。

どうやら、僕は〝ベロベロの神様〟に憑依《ひょうい》されっぱなしだったらしい。

草上の酒宴

深酒の翌朝は、山歩きで酒気を払うようにしている。アプローチのたやすい東京の高尾山《たかおさん》へは、四季を通して登ることが多い。高尾山は、真言宗の寺院「高尾山薬王院《やくおういん》」が開かれ、古くから修験道《しゅげんどう》の霊山でもあった。それゆえ、単に登山で汗を流すというより、魂のリフレッシュ法と心得て歩く。旅先でも手軽に登れる山があれば、同じような心持ちで足を運ぶ。札幌の藻岩山《もいわやま》も、足繁《あししげ》く通う山だ。北海道は仕事やプライベートで訪れる機会が多いため、僕は札幌市内にも小さな仕事場を構えている。

札幌での滞在時は、たいてい〝狸小路《たぬきこうじ》〟と呼ばれるアーケード商店街の一角で夕食をとる。

「ラーメン一徹」の暖簾《のれん》がかかった店ながら、常連客の多くは酒場として使う。店の奥はジンギスカン料理店「アルコ」のカウンター席となっており、強い炭火の七輪で鮮度のいい赤身を焼いて頂く。タレにはすりおろしたニンニクと刻み唐辛子が必須《ひっす》。ここでは生ビールの中ジョッキ二杯ほどで止めおく。

そして、隣接する繁華街〝すすきの〟にある馴染《なじ》みの一軒、古い雑居ビル一階奥の居酒屋に寛《くつろ》いだ。釣り好きの店主が賄う。こぢんまりとした家庭的な雰囲気の店で、東京から来たミュージシャンや文化的趣味人が密《ひそ》やかに訪れたりする。故・立川談志《たてかわだんし》師匠も晩年ひいきにしていた。

古い常連客は店主の影響で川釣りにはまった者が多い。かつて僕の釣り好きも尋常ではなかった。釣り談義に花を咲かせば、盃も進む。そろそろお暇《いとま》せねば、だらしない長っ尻《ちり》となりかねない。明朝の山歩きに差し支えては一大事。

そして一夜明けた日曜日。藻岩山（標高五三一メートル）の北側登山コースを登り始めた。藻岩山は札幌市内にありながら、野趣の豊かさにおいて格別だろう。北側の原始林は天然記念物として保護されており、北海道固有の動植物と触れ合いながら散策を楽しめる。尾根筋からの眺めも良く、札幌の街が一望できる。

野鳥の種類は豊富で、新緑の季節ともなれば、さえずりがオーケストラのように響き渡る。黒、白、紅色と配色の鮮やかなアカゲラ、高速で立木を連打するエゾコゲラのドラミングも木霊する。木洩れ日に染まる藻岩原始林は、さながら野生の楽園と化す。

今朝はミズナラ（水楢）の幹の高みで、太い音を響かせるクマゲラを見つけた。スマートな鴉《からす》と見紛《みまが》うが、頭に赤いベレー帽のような羽毛を載せている。甲高い鳴き声を放ち、木立の間を矢のような速さで飛ぶ。別のクマゲラが、鋭く鳴いて呼応する。番《つがい》だろうか。

しかし、藻岩山のエゾリスの数は著しく減った気がする。今年、藻岩山で見かけたのは、たった一匹。つぶらな瞳《ひとみ》で胸毛は白く、チャコール・グレーのふわふわの尾っぽ。どんぐりを両手で摑《つか》んで食《は》む仕草が、なんとも愛らしい。頭の上に両耳がピンと揃って立つ様子は、モヒカン刈りの妖精みたいだ。

あのエゾリス、もしかすると藻岩山では最後の一匹だったのかもしれない。そんな不安を抱いてエゾリスのテリトリーへさしかかった。すると、一人の登山者が小さな生き物へ無遠慮にカメラを向けて迫っている。案の定、あのエゾリスは木立の奥へ逃げ去った。

足取りは重くなったが、どうにか尾根筋の分岐点へ辿り着いた。左へ行けば山頂、右の尾根道は登山者の稀《まれ》な峠道へも続いている。僕は、峠道ルートへ踏み入るも残雪の深さにお手上げ。疲労困憊《こんぱい》、と引き返すことにした。

実は一年ほど前、この峠道でアメリカミンクと出くわしている。毛皮目的で養殖されていたアメリカミンクが、用済みとなって原野に放たれた。肉食で繁殖力旺盛《おうせい》、しかも獰猛《どうもう》さと敏捷《びんしょう》さを併せ持つとなれば、在来種の川魚や小動物は格好の餌食《えじき》だ。アメリカミンクの在来生物への脅威は計り知れず、特定外来生物として防除の対象となっている。北海道のみならず日本列島の各地で深刻な被害を及ぼしているようだ。

「河原はアメリカミンクだらけさあ。釣り竿《ざお》で引っぱたくんだワ」

登山道で顔見知りとなったお年寄りの話が思い出される。札幌市内を流れる豊平川《とよひらがわ》のヤマメ（ヤマベ）は、アメリカミンクによって生息数が激減したという。お年寄りは〝終《つい》の楽しみ〟を奪われたと嘆くのだった。

僕は、峠道から足を引きずって鞍部《あんぶ》へ下りた。すると前方の山道脇でこちらを何者かが見下ろしている。雪の反射光の中、目を凝らすと小さな顔のお地蔵様が座している。いや、待てよ。あの場所にお地蔵様などなかったはず。カラフルなショールを羽織った小顔の老女が一休みしているだけかもしれん。いずれにせよ四〇メートルほどの距離だ。急な雪道とはいえ一〜二分も歩けば正体が分かるだろう。

ところが、歩を速めて間もなく、老女も立ち上がった。そのままつっと山道へ出るや、ショールを翻して頭から被《かぶ》り、丘の向こう側へ消えた。ずいぶん小柄な印象だった。足早な登山者に共通する体軀《たいく》だ。とても追いつけない。せめて後ろ姿だけでも確かめようと、急いで後を追った。けれど、分岐点あたりのベンチにも、頂上へ延びた一本の山道にも人影はない。僕は分岐の道標を横目に、朝登った同じ山道を下った。どんな速足とて、四〜五分のタイムラグなら視野の下方に捉《とら》えられる。しかし、下山道を疾走する人影は見当たらない。小柄な老女は幻か、それとも幽霊……？　どっちだっていいや。

僕はあっさりと納得し、エゾリスを見損ねた巨木の近くまで下山した。あたりを見回すも、しんとして生き物の気配はない。藻岩山の妖精たちがアメリカミンクに捕食される図。そんな妄念に取り憑《つ》かれたまま原始林を出た。

たまたま仕事で訪れた地方都市が、満開の花見時だったなんてこともある。こんな幸運が京都で起きた。滞在は二泊三日で、しかも中日《なかび》の一日はオフ。山歩きならぬ古刹《こさつ》めぐりに充てた。人出の多さは覚悟の上で、乗り込んだタクシー運転手に〝南禅寺《なんぜんじ》〟と告げた。大路も小路も花と人に埋もれた古都。混沌《こんとん》としているが、祭り慣れした人々の表情は穏やかだ。〝レンタルきもの〟で京情緒を味わう観光客がそこらじゅうにいる。大半は外国人だが、遠目には見分けがつかない。

「安もん着てますねん。着たまま帰ってしまう客もおるそうですわ」

ベテラン運転手が言う。着物姿の家族連れが座り込んで花見をしている。彼らの会話は中国語だった。

南禅寺でタクシーを降り、知恩院界隈《ちおんいんかいわい》を上り下りし、円山《まるやま》公園を抜けて清水寺《きよみずでら》へと回り込んでから、高台寺《こうだいじ》の参道下へ舞い戻った。高台寺境内《けいだい》の枝垂桜《しだれざくら》は今が見頃。それにしても、本殿へ至る石段を見上げただけで膝の痛みが増す。よろよろと登って山門の敷石を跨《また》いだところで、どどーっと転んだ。足元の仕切りロープに触れてバランスを崩したようだ。体力自慢のプライドまで崩れてしまう。

東京へ戻って、久々に高尾山へ登った。もう一度、足腰を鍛え直そう。〝天狗《てんぐ》出没注意〟の札が掲げてある人目の少ないコースを選んだ。奥高尾からの帰路は巻き道を辿って、ひたすら歩く。

「類さ～ん、一休みしませんか」

日当たりのいい草の上で見知らぬ三人の男たちが酒宴の真っ最中。僕もふらりと座に加わった。ワイン、日本酒、焼酎《しょうちゅう》割り、何でもござれで肴《さかな》も各自手作り。胡瓜《きゅうり》の酢のものを、一匹の蟻《あり》がちゃっかりとお相伴《しょうばん》にあずかっている。

「この蟻、お酢が好きなんだよねえ」

僕もそっと箸を使って酢のものをつまんだ。男らは長年の登山仲間らしい。スマホを挟んだスピーカーからバッハのミサ曲が流れる。山の話でもう一杯、また一杯。帰りはリフトで下りる予定だったので乗り場へ急いだものの、一足違いで運行は終了。てくてくと下るほかない。これじゃあ、翌朝が思いやられる。

「身のほどを思い知る朝しじみ汁」

誰かの作った川柳が浮かぶ。

さくらさくらで一杯

今年も桜の花に酔う季節がやってきた。川堤からビルの狭間《はざま》の小路まで、桜の木々は上気した薄紅色の雲をまとう。花見は、人と桜並木のカーニバルのようだ。花見の対象となる桜は、大半がソメイヨシノ。江戸末期に造られた園芸種で、樹齢わずか六〇年ほどで寿命が尽きる。同一種だけの交配ができないクローン桜だ。接《つ》ぎ木や挿し木によって全国で植樹され、各地を彩っている。気象条件が整えば一斉に咲いて、一斉に散る。短命なのもクローンたる所以《ゆえん》らしい。

「梅みたいにだらだら咲かねえところがいいヤネ」

桜のシーズンには、必ずと言っていいほど聞かされる江戸っ子気取りのセリフだ。けれど梅見酒も捨てがたい。淡雪の薄化粧のまま、ほろりほろりと花の数を増す紅梅や白梅。冴え冴えとした空の青に凛《りん》と咲く。梅の花は静かに楽しみたい。鉢植えで育てた梅を観賞しながら料理が頂ける料亭もある。高知市ではよく知られた「得月楼《とくげつろう》」だ。ここは宮尾登美子《みやおとみこ》の小説にもなった「陽暉楼《ようきろう》」（明治三年創業）を改名した老舗《しにせ》だ。陳列される梅の盆栽コレクションは秀逸揃い。「得月楼」の〝盆梅《ぼんばい》〟として梅の時季の風物詩とされる。年季の入った酒飲みにはお薦めしたい。

以前、靖国《やすくに》神社境内が満席状態となった賑やかな花見の席に参加した。花は散らんとする喜びに震えるかのようだった。だが、花見席は〝花よりお酒〟の状態。すると誰かの盃に花びらが舞い込んだ。

「きゃー！　花びら酒よ」

黄色い歓声が上がる。皆は、自分の盃にもひとひらを期待したが、あいにく風はない。天蓋《てんがい》の桜の花へ恨めしそうに視線を向けた。この時まで、花の存在など誰も気にかけてはいなかったよなあ。でも実のところ、花見に出かけながら花を愛《め》でない人は結構多い。

千鳥ヶ淵《ちどりがふち》にある濠《ほり》沿いの総延長七〇〇メートル前後の遊歩道。満開時はソメイヨシノとヤマザクラが歩行者を押し潰さんばかりに咲き誇る。ここでも僕は、花を見ない花見客のいることに驚かされた。ＯＬらしき二人連れは、額を撫《な》でそうなほど垂れ下がった桜には一瞥《いちべつ》も与えず、終始喋《しゃべ》りっ放しで通り抜けた。いったいどんな心理状態がこんな奇妙な行動をとらせるのだろう。同じ歩調で心太《ところてん》式に押し出される花見客の混雑ぶり。花を見ないなら人波に呑《の》まれる必要なんかないじゃあないか。

坂口安吾《さかぐちあんご》の小説『桜の森の満開の下』冒頭部分に、「……桜の花の下から人間を取り去ると怖《おそ》ろしい景色になります」の一節がある。千鳥ヶ淵の桜の満開時の風景から人間を取り去れば、花の妖気で張り詰めそうな緊張感を覚えるに違いない。満開の桜に潜む狂気からは、脳裏に焼き付いて離れない一枚の日本画が浮かぶ。日本画家・徳岡神泉《とくおかしんせん》（一八九六〜一九七二）が描いた「狂女」。千鳥ヶ淵とは目と鼻の先にある東京国立近代美術館の所蔵だ。これほどリアルな狂気を目の当たりにする絵画を見たことがない。だらしなく着物を羽織り、乱れた黒髪の女が三白眼《さんぱくがん》でこちらを見据える。描かれた衣装の色模様が、地面に散って薄汚れた花びらを連想させる。

京都で草木染《くさきぞめ》を生業《なりわい》とする女性が、桜に対する似たような印象を語った。ライトアップされた満開の桜が今にも高瀬川《たかせがわ》へ身投げしそうな木屋町通《きやまちどおり》。

「なるべくなら夜桜見物は避けます。怖いですもん」

花見の人混みや、男の話ではない。春の闇《やみ》を背負った桜の花の妖艶さが正視し難いらしい。美を競う花と女性は互いに嫉妬《しっと》し合うのかもしれない。

いずれにしても、桜の花への繊細すぎる日本人の思いがあってのこと。僕もこの時季を迎えれば〝花見酒〟なしで過ごすなんて考えられない。ほろ酔えば、花の美に魂を搦《から》め捕られないですむ。それほど花の傍《そば》にいたいのだからしかたないだろう。

一方、樹齢数百年という長寿の桜もある。高知県仁淀川町の郷里でも樹齢五〇〇年と推定されるエドヒガン桜が一種の信仰対象となっている。蕾《つぼみ》がひょうたん型をしていることで〝ひょうたん桜〟の愛称で親しまれ、県の天然記念物にも指定された。山腹にドッカと根付き、奔放自在な枝ぶりが天へ聳え立つ。古木にもかかわらず、毎年ゴージャスな花を付ける。

「ハラハラとハープの調べに乗って散りよりました」

高知市内の居酒屋で同席した知人の奥方が、〝ひょうたん桜〟の散り際の印象をさらりと語った。普段は情緒的な表現をしない彼女だが、ハープの音に喩《たと》えるほどの趣《おもむき》を感じたのだろう。この桜は、遠く離れた甲斐武田《かいたけだ》氏滅亡の物語と結びついて伝説となった。地元の伝承によると、武田家最後の当主武田勝頼《かつより》は〝天目山《てんもくざん》の戦い〟で死んでおらず、仁淀の地へ落ち延びたとされる。それを手助けしたのが土佐国の豪族・香宗我部《こうそかべ》氏だ。この一族は甲斐源氏の子孫、つまり武田勝頼と同じルーツを持つ。山間《やまあい》の隠れ里に移り住んだ勝頼は、大崎玄蕃《おおさきげんば》と名を変え、土地の始祖となって祇園神社を祀《まつ》った。その時、自ら手植えしたと伝わるのが〝ひょうたん桜〟。地元の人々から〝祇園さま〟と呼ばれ、黒々とした根もとには御神体にふさわしく立派な注連縄《しめなわ》が巻かれている。

勝頼が城主だった長野県高遠城址《たかとおじょうし》の公園は、〝天下第一の桜〟で名高い。不思議なことに固有種であるこの〝タカトオコヒガンザクラ〟は、仁淀の〝ひょうたん桜〟とよく似ているらしい。勝頼との因縁を窺《うかが》わせる。事の真相はともかく、老桜の年輪に埋もれた武田勝頼の伝説は、今もこの地に生き続けている。

もう一つ、北海道松前町《まつまえちょう》の光善寺《こうぜんじ》に八重桜伝説があるのを知った。明治元（一八六八）年の秋、土方歳三《ひじかたとしぞう》率いる兵に攻められ、松前藩の防戦も虚しく僅《わず》か数時間《むな》で落城した松前城。そんな脆弱な城を僕は是非とも見たかった。

「日本式城郭建築の最北の城です」

松前町の観光課職員が説明する。現在の城は、昭和三十六（一九六一）年に復元されたもの。城を取りまく桜の木々はいくぶん散り始めており、花見客の人出もピークを過ぎていた。旅館へ戻って一風呂浴びた後、松前の海鮮と山菜がツマミの宴《うたげ》は外せない。この酒席で、城を案内してくれた職員から聞いたのが〝血脈桜《けちみゃくざくら》〟伝説だ。〝血脈〟とは、仏教上の師弟関係の系図を紙に記した証文。死後、浄土へ行くのに必要な通行手形のようなものだ。

伝説は、その昔、光善寺を菩提寺《ぼだいじ》とする鍛冶《かじ》職人の父伝八《でんぱち》と娘静枝《しずえ》が関西へ旅立つところから始まる。二人はヤマザクラが咲き誇る吉野山《よしのやま》へ至り、美しい尼僧の住む寺に逗留する。尼僧は静枝を我が子のように可愛《かわい》がった。幸せな日々を過ごすも、松前に戻らなければならない。別れの日、尼僧が悲しむ静枝に手渡したのが八重桜の苗木だった。静枝はそれを持ち帰って光善寺の境内に植え、尼僧を思いつつ大切に育てた。八重桜は見事な花を咲かせるようになり、静枝が世を去った後も人々の癒《いや》しとなった。

月日が流れ、寺に改築話が持ち上がる。その際、大木となった老桜が改築の妨げとなるため、伐採することに決まった。いよいよ明日は伐採という夜。住職の夢枕にうら若き娘が立った。自分はもうすぐ死ぬ身の上だから〝血脈〟を授けてほしいと懇願する。住職は娘を不憫《ふびん》に思い、頼みを聞き入れた。

翌朝、住職は八重桜の梢《こずえ》にかかった紙切れを見つける。それは、昨夜娘に授けた〝血脈〟に相違なかった。

「さては夢枕に立った娘は、老桜の精霊だったのか」

すぐさま住職は伐採を取りやめ、老桜と娘の霊を供養した。昨夜現れた精霊は、八重桜を植えた静枝だろうか。話を聞き終えたところで、僕は伝説の八重桜が無性に見たくなった。

旅館を出て、松前公園に至る緩い坂道まで歩いた。町の明かりが八重桜の並木を浮かび上がらせている。あたりの八重桜のほとんどが、〝血脈桜〟を親木とするらしい。夜桜は闇の深まるほどにほの白い花びらが際立ち、艶《なまめ》かしい。だが、見とれてばかりはいられない。旅館への帰路も怪しくなったところを、通りかかった尼僧と老人に救われた。白い頭巾を被った尼僧の目鼻立ちは整い、神々《こうごう》しいばかりに麗《うるわ》しい。

翌朝、大広間の食卓へ着いた僕に大女将がいたずらっぽい目つきで話しかけてきた。

「昨夜は、お連れするのに苦労したようですよ」

なんと、酔っ払って夜桜見物に出た僕を若女将と番頭が連れ帰ってくれたという。

「尼さん？　あらいやだ。それは見間違えたんですよ」

あれっ、酩酊《めいてい》した僕の勝手な思い込みだったか。

「若女将は白のショールを真知子《まちこ》巻きにしてましたからね」

大女将が笑った。

「真知子巻きかあ……」

哲学する酒樽

気の合う飲み仲間を得ることは、無上の喜びかもしれない。自分の抱える悩みごとなど顔には出さず、無理なく飲み続けられる持久力の持ち主。しかも、聖人のような穏やかさで接してくれたなら、なお嬉《うれ》しい。一見、赤裸々な会話の飛び交う大衆酒場とは無縁の人物像。ところが、そんな鷹揚《おうよう》さを備えたハートの持ち主がいるんです。

粋な飲兵衛作家として知られる坂崎重盛《さかざきしげもり》さんがその一人。実家は東京の下町、ごろごろと酒瓶の並ぶ酒屋で育った。ステッキとカンカン帽の出で立《い》ちで神楽坂《かぐらざか》界隈を飄々《ひょうひょう》と飲み歩き、酒席では「ご隠居」と呼ばれている。坂崎さんは酒場で出会う飲み客と適当な距離をとるのが上手い。

朝飲み酒の特集を組んだ雑誌に二人で登場したことがあった。上野《うえの》駅のガード下周辺の立ち飲み屋を皮切りに、朝の九時ごろから飲み始めた。はしご酒に弾みがついて、浅草《あさくさ》の焼きトン屋で炭酸割り焼酎を飲んだのが八軒目。すでに午後の三時を過ぎていた。こうなると朝飲み酒の範疇《はんちゅう》から外れるからだろう、編集者とカメラマンは退散した。

翌日、神保町《じんぼうちょう》にある馴染みのバーで落ち合い、またぞろ一献傾けることとなった。話題が昨日のはしご酒へと及ぶ。二人がめぐったのは一三軒、それと別れた後の締めの一軒が神楽坂、新宿《しんじゅく》のゴールデン街とそれぞれ行きつけの飲み屋を打ち止めとしていた。結局、丸一日をかけた飲み歩きとなったものの、ご隠居のはしご酒に〝酩酊〟の二字はない。その点、僕は数軒目からの記憶が曖昧。雲の上をさまよっていたような軽やかな印象だけが残っている。カウンターの隣席でグラスを傾けていた青年が、僕たちに問いかけた。

「そんなに飲み回って飽きないのですか」

「飽きないね」

二人して即答した。飲酒歴が半世紀にもなるご隠居の話のネタは尽きない。多彩な引き出しからブラック・ジョークまで飛び出してくる。ほろ酔えば舌も滑らか、退屈などしない。

飲み仲間の先達としては稀有《けう》なタイプだろう。

下町酒場を渡り歩くことで見えてくるものがある。串焼きの油煙《ゆえん》に燻《いぶ》された店主の夢、あるいは酔うて吐露する客の本音。戦後、アメーバの勢いで城東エリアへ広がった東京の下町。馴染みのなかった僕の目には大いなる闇と映った。過密な人口を抱えた下町の台所だった大衆酒場の存在。強く惹《ひ》かれていった。

開業が昭和四十年代前後なら老舗と称せられる。下町は昭和二十(一九四五)年三月十日以降の空襲で焼け野原と化しており、本格的な大衆酒場の出現は昭和三十年代後半からになる。大衆酒場の名だたる老舗、江東区《こうとう》南砂町《みなみすなまち》の「山城屋《やましろや》」、足立《あだち》区北千住《きたせんじゅ》の「大はし」、台東《たいとう》区日本堤《にほんづつみ》の「大林《だいりん》」なども、戦後復興までの混乱期を経ている。下町の〝闇〟も、実はこの混沌たる時期に孕《はら》んだのではないだろうか。江東区へ移って間もないころに詠んだ句がある。

「闇海《くらうみ》を孕みつ喰《く》わる蛍烏賊《ほたるいか》」

江東区門前仲町《もんぜんなかちょう》の「魚三酒場《うおさん》」で食した富山湾産のホタルイカがモチーフ。深海の闇に浮遊するホタルイカの青火と、夥《おびただ》しい戦争犠牲者の人魂《ひとだま》をイメージした。

江東区と隣接する墨田区《すみだ》との境界に沿ってJR総武《そうぶ》本線が延び、隅田川を渡ると両国《りょうごく》駅、錦糸町《きんしちょう》駅と続く。錦糸町駅界隈は歓楽街としても知られている。一軒の焼き鳥屋を目指し、数年ぶりに訪れた。案内された裏通りの町並みに、見覚えがあった。以前、テレビCMのロケ中のこと。通り沿いに立つビルの上階窓から突如、ドスの利いた声を浴びせられた。

「コラッ！　どこを撮っとるんじゃ」

撮影クルーたちは凍りついたが、カメラは通りへ向けられており、そのビルを撮っていないことが理解してもらえた。撮影は滞りなく終了。以来、この界隈に立ち寄る機会はなかった。お邪魔した焼き鳥屋は昭和四十年代半ばに開業した老舗。例の通りより一本奥に入った小路の角地に暖簾を掲げ、もうもうと串焼きの煙を上らせていた。カウンター席に着いて芋焼酎のお湯割りを注文。卓席の常連さんたちと乾杯した。

「綺麗《きれい》な駅ビルが完成して界隈も変わりましたよ。若者も増えましたしね」

ビジネスマン風の一人が、僕の経験談に笑顔で答える。初代の店主夫婦が話の輪に加わった。家族経営でおまけにハンサムな孫が後を継いでいる。嬉しい限りに違いない。初代夫婦のなれそめが銀座《ぎんざ》、クラブのホステスだった大女将に初代が惚《ほ》れたというわけだ。

「〝銀恋〟が実りましたね、乾杯！」

初代夫婦に敬意を表した。下町の〝闇〟への想念はすっかり晴れようとしていた。そして、お暇《いとま》を告げようかというころ。おもむろに先ほどの常連客が口を開いた。

「〝おいてけ堀〟のあたりは〝怖い〟のが出るかもしれませんよ」

江戸期の伝承〝おいてけ堀〟の舞台とされる場所が、駅向こうの錦糸堀《きんしぼり》公園に残されている。堀とは錦糸堀のことで、釣った魚を持ち帰ろうとすると「おいてけ、おいてけ〜」の不気味な声があたりに響く。釣り人は怖くなって魚を置いて逃げ帰る。この伝承は僕も聞きかじっており、声を発するのはカッパだと思い込んでいた。

「〝怖い〟のはカッパのことでしょ。錦糸堀公園にカッパの記念像が立ってますよね」

と僕が応じると、答えは違った。なんと、タヌキが金髪女性に化け、カタコトの日本語で喋りかけてくるらしい。

「サ・イ・フをオイテケ〜。サ・イ・フをオイテケ〜、ってね」

ひとまず、創作落語のような常連客のジョークに送られて店を出た。けれど、このジョークはバブル経済崩壊期の一九九〇年前後、錦糸町界隈の歓楽街を揶揄《やゆ》した都市伝説でもある。金髪の街娼がたむろする光景は歓楽街の風物のように噂《うわさ》されていた。

それにしても、この伝承には諸説ある。試みにネット検索してみた。青空文庫にあった田《た》中貢太郎《なかこうたろう》の作『おいてけ堀』は物語がシンプルにまとまっていて分かりやすい。さっそく作家に興味を抱いた。高知県生まれで昭和十六（一九四一）年没とあり、怪奇譚《かいきたん》に造詣《ぞうけい》が深く、明治、大正期に活躍した多くの作家とも親密な交流を持つ。郷里の大先輩となる文人・大町桂月に二〇年以上師事している。僕とて同郷のよしみかもしれないが、下町の伝承と絡んで浮かび上がった田中貢太郎に奇妙な縁を感じた。

ところで、金髪女性の登場する〃おいてけ堀〃伝説を拡散させていた張本人と、同じカウンターで何度か飲んだことがある。下町育ちで快活な、ちょっぴりごつい娘さんだった。

「〇〇店の〃慰安旅行で休業中〃と書かれた貼《は》り紙。あれって食中毒で営業停止ってことなんですよ」

彼女が有名店の屋号を挙げて楽しそうに語ると、周りの飲み客も感心して頷く。だが、誰一人そんな貼り紙を見たことがない。英会話に凝っていた下町娘、年下の亭主と離婚した後も、シニカルな都市伝説（Urban Legend）を振りまきながら門前仲町界隈を飲み歩いていると聞く。

「亭主？　実家に戻っちゃったんですよ。私を〃置いてきぼり〃にしてさ」

そう言って彼女は豪快に笑う。屋根裏風の狭いバーカウンターで見かけたのが最後だった。

とかく下町酒場の都市伝説は、さりげない会話の中に刷り込まれる。

この日の昼間、錦糸町の裏通りで不可解なモニュメントを目撃した。それは古びたマンションの玄関口に聳え立つトーテムポール風の塔。高さは六〜七メートルほどだろうか。ぼってりした動物を模したコンクリートの造形物が土台となり、一番上に人の上半身像が乗っかっている。雑居ビルの狭間に紛れ込ませた秩序なき造作物。完成形を拒むかのように。作者は亡き人なので、目的も動機も闇の中だ。

「謎《なぞ》めいて不条理な造形。アートの始まりじゃあないか」

カウンターに零《こぼ》れた酒溜りを見つめていた僕に誰かが語りかけてきた。視線を上げた先に酒樽の注ぎ口が見えた。純米酒が片口へ注がれている。とっくん、とく、とく……。なんだ、酒樽が独りごちたのか。しばし、半眼《はんめ》にして耳を傾けてみる。

「そろそろお開きとしますか」

今度は、マスターが目を細めて呟《つぶや》いた。いい酒は、いい酔いに満たされる。酒樽の注ぎ口の奥に垣間見《かいまみ》た闇。それは無限の宇宙ではなかったろうか。

とっくん、とく、とく……。

美女ほろ酔うて

幼いころ、僕は空想力のおかげで自由自在な世界に遊べた。積み上げた布団に跨っただけで空を飛ぶ。昨日ペガサスだった椅子《いす》が、今日は小型戦闘機になったりする。ちょっとした空間さえあれば、いとも簡単にちびっ子ドン・キホーテとなってモンスターと戦うこともできる。男児の妄想は単純明快だ。それに比べると少女たちの空想世界は異質の感がある。

初夏の風が渡る休日。多摩川《たまがわ》河川敷の運動公園は家族連れ専用に開放されたかのような賑わいを見せる。この日ばかりは一人歩きの僕も肩身が狭く、砂場に走り込んで幅跳びもどきのトレーニングをするわけにはいかない。散策ルートを変えようと歩き始めたところ、女の子の奇妙な会話が聞こえてきた。

「カナ子ちゃん、入浴剤は後でいいから、ピザを焼いてもらっていい？」

「うん、分かったわ」

五歳ほどの女の子の頼みに、やや年長であろう少女が物分かりよく応じる。思わずあたりを見回したが、ままごとセットもビニール製のプールも見当たらない。やや離れたところで、女の子たちは僕の存在に目もくれず動き回る。ふと、彼女たちの足元に置かれた複数の小石を見つけた。小石は直線や楕円《だえん》、小さな四角形に並べられていた。直線が部屋の間仕切りとなっており、途切れている部分はドアのようだ。ドアノブを回して年上の少女を招き入れる。収納棚の調味料や冷蔵庫の食材だって受け渡しする。ピザを焼くオーブンや勝手口も彼女たちの目にはリアルな現実として映っているのだ。

さしずめ僕は、居間を通り抜けるだけの透明なゴーストにすぎないのかもしれない。彼女らのホームを壊さないよう、そっと退散した。

女児に備わる空想力と言えば、こんなエピソードを聞いた。久しぶりに姪《めい》っ子の顔が見たくて、嫁ぎ先から叔母《おば》が札幌の近郊にある実家へ立ち寄った。ところが肝心の姪っ子は、裏の納屋で友達の雪乃《ゆきの》ちゃんとままごとの真っ最中。お土産をチラつかせても「待って、待って」の一点張り、雪乃ちゃんと大事な相談をしているからと母屋《おもや》へ戻ろうとしない。業を煮やした叔母は兄嫁の止めるのも聞かず子供たちの遊ぶ納屋へ向かった。どうやら、相談事が済んで別れの挨拶を交わしている様子。ところが、友達の声は聞こえないし、姿もない。

「お友達の雪乃ちゃんはどこ？　いったい誰と喋ってたの」

姪は叔母の傍らを指さすが、友達の雪乃ちゃんとやらがまるで見当たらない。周辺は、広大な稲作エリア。隣の農家だって数キロは離れている。幼い子供が一人で歩ける距離ではない。なんだか薄気味悪くなって、今度は兄嫁に尋ねた。

「あの子、いつから友達と遊ぶようになったの」

「半年ほど前よ」

兄嫁は答えた。だが、雪乃ちゃんのことは一向に要領を得ない。叔母は不審を抱きながらも帰路についた。

「雪乃ちゃんの話は、誰にも言っちゃあダメよ。他の人には見えないんだからね」

母親が我が子に諭した。

僕がこの話を聞いたのは札幌近郊の栗山町《くりやまちょう》にある古い酒蔵へお邪魔した時のこと。中庭に設《しつら》えたカマドの火に暖を取りながらだった。青竹に入れて温めた燗酒《かんざけ》が、心なしかミステリアスな香りを漂わせる。雪乃ちゃんの遊びに来た農家もさほど遠くない。今や伝承となりつつあるこの話の顛末《てんまつ》、地元出身の仕事仲間がやたらと詳しかった。

「あの姪っ子さんね。お婿さんをもらって、赤ちゃんも生まれたらしいよ」

そう言って、炙《あぶ》ったホタルイカの一夜干しを差し出した。

「性別？　女の子さ～」

言外に、雪乃ちゃんの再来を匂《にお》わせて語った。

少女期を過ぎ、大人の女性へと変貌《へんぼう》していく過程で獲得する能力がある。女性特有のもので、男の僕からすれば〝超能力〟の語を当てたくなる。


「女は優れた女優の資質を生まれ持つ」

とは、けだし名言のように思う。

この言葉を裏付けるかのような一コマに遭遇した。三人家族の家長でもある父親が退職後、七十歳を前に癌《がん》で他界した。葬儀は、人の心に波風の立つことを好まなかった故人の人柄を反映し、淡々と進行する。正面の祭壇に設置された棺《ひつぎ》と花はお葬式というより、何かの発表会みたいな雰囲気が漂う。参列者は整然と並ぶ低めの椅子に腰かけて演者の登場を待つ、という具合だった。

そして、お別れの花を棺の中に供える葬儀のクライマックス。まず、喪主たる母親が恭《うやうや》しく花束を供え、亡き御主人と対面の儀。参列者席に一礼して降壇した。次に一人娘がゆっくりと登場。場の空気が一変した。照明が彼女の表情を浮き上がらせる。旅立つ父に別れを告げる娘の美しさに、参列者は息をのんだ。もともと美人フルート奏者としての評判は高く、コンサート会場でもひときわ見栄えがするタイプ。悲しみに表情を歪《ゆが》ませず、額から胸元へかけて差す光線の角度も優れた西洋絵画のよう。清楚《せいそ》な喪服姿の彼女は、スポットライトを浴びた舞台女優そのものだった。参列者から感嘆の声が洩れる。故人もさぞや誇らしいことだろう。

葬儀が終わった。寺の山門を出たところで一人娘の幼馴染みに声をかけられ、私鉄駅までの道のりをご一緒することになった。

「あのシーンは、凡夫に徹したというお父様への餞《はなむけ》になりましたね」

と、話の口火を切った。

「ひょっとすると、演出かもしれませんよ」

女性は即答するや、ちろっと舌を出していたずらっぽく微笑《ほほえ》んだ。幼馴染みは一人娘の友人であると同時にライバルだったのだろう。双方ともヨーロッパに単身留学の経験があった。

「私は声楽の方へ進みましたけど、彼女も私も目立ちたがり屋でしたね」

僕の女性観の甘さを、ガラガラと打ち砕いてくれる。なんと、葬儀が娘の一人舞台のように展開したのは、自らの演出だったというのか。

「ああ見えてあの子、気が強いんですよ」

にこやかにとどめを刺された。いやはや、一杯やるしかないね。もともと、一人娘は安穏で単調な生活を良しとしない性格。一滴の涙もない葬儀に一石を投じたのかもしれない。いずれにしても、教訓めいた示唆に富む葬儀だったといえる。

かつて、銀座の地下にある開放的な立ち飲みバーで同席した女性がいた。ほろ酔えば童女のようにチャーミングだったが、酔いが回りだすと僕の手には負えない。〝痴〟に振る舞い、同時に〝聖〟なる妖精と化して周りを困惑させる。カウンターの隣に知人夫妻がいた。

「あれが誘惑の手管《てくだ》よ。お気をつけください」

知人の奥方がそっと耳打ちしてきた。そう言う奥方もショートヘアーで妖精めいた雰囲気を持っている。

「女の敵は女よ」

ふふっと、含み笑いをしてハイボールを干した。だが、奥方の予言は、意外な形で的中。手洗いから戻ってきた女性の〝痴〟の振る舞いに見舞われた。バランスを崩した弾みで振り回したハンドバッグの角が、僕の左前歯に見事にヒット。辛うじて歯は抜け落ちなかったものの、含んだハイボールの味はレッドアイ風味に変わっていた。

「学習しない人ね」

小料理屋の女将にズバリと指摘されたことがある。酔って持ち物を頻繁に失くした時期が続き、余計な苦労も背負ってきた。そんな我が身を見かねての一言だった。しかしながら、美酒がひとたび喉元《のどもと》を過ぎれば過去の痛みもけろりと忘れる。

「ま、学習する人なら、とっくに色褪《いろあ》せてたかもね」

女将が言い足す。〝学習しない未熟者〟は、絶えず人生の荒波に曝《さら》されて、あたふたともがき続けていく。でも僕は、視点を変えればそれも〝若々しい生き方〟だと居直っている。

「老け込んでいる暇もないわよね」

それにしても、女性特有の〝空想力〟と〝あやかし〟のパワー。小石を並べるだけでセカンドハウスが建ち、空気に好きな模様の壁紙が貼れる。風にハーブの香りで虹《にじ》をかけ、自らの心象世界にヒロインとして嬉々《きき》と遊ぶ。

そうだ、こんど青森のバー"Ar《アール》"へ行ったら、そんなイメージのカクテルを調合してもらおう。

II

ビバ！ 麦酒《ビア》!!

風に月見草

居酒屋の名物主《あるじ》が女性というのは珍しくない。創業者は、おおむね亭主や父親だったりするが、のっぴきならない事情から後継者となったケースが多い。それゆえ、突然任された女将《おかみ》仕事の苦労話はたびたび聞かされる。男の店主ならとっくに投げ出したかもしれない様々な試練。女性特有の忍耐力としなやかさで乗り切る。

かつて〝菅《すげ》の渡し〟と呼ばれた多摩川《たまがわ》河川敷の渡船場《とせんば》跡に、一軒の茶店がある。時折、俳句仲間と句会を催したり、川風に当たりながら昼酒を楽しんだりもした。人当たりの柔らかい女将の印象は、店を知った十数年前から変わらない。

〝菅の渡し〟は、昭和十（一九三五）年に〝上菅（矢野口《やのくち》）の渡し〟と〝下菅の渡し〟が統合して開業。庶民の身近な交通手段として親しまれた。時代とともに次々と廃《すた》れていく多摩川の〝渡し場〟。やがて、私鉄線の開通を受け、多摩川最後の渡船場〝菅の渡し〟は昭和四十八（一九七三）年に廃止となった。そして利用客のいなくなった渡船場跡にぽつんと取り残された茶店。その店は〝渡し場〟の廃止から四〇年以上経《た》った今も営業を続けている。

もっとも、茶店がオープンするのは天気次第。晴れの日なら、〝営業中〟と染め抜かれた赤い幟《のぼり》が立つ。ただし鉄橋を通過する私鉄電車の窓から河川敷の幟に気付いても、飲食店と分かる者は稀《まれ》だろう。背丈の高い草花に覆われた鄙《ひな》びた風情で、当初は人の出入りする気配さえ判然としなかった。もともとこのあたりは梨《なし》の産地として知られており、近年まで田園風景を残していたエリア。客は犬を散歩させる地元民か、僕のような昆虫好きが迷い込むくらいだった。顔ぶれはほぼ決まっており、馴染《なじ》みとなるのにさほどの時はかからない。

「茶店が何軒も並んでいたと聞いてます」

女将が言う。もちろん〝渡し場〟が乗り合い客で賑《にぎ》わったころの話だ。

渡船場の歴史は古い。江戸時代の広重《ひろしげ》、北斎《ほくさい》らの浮世絵師が、多摩川の〝渡し場〟の風景をモチーフとしている。明治期に植林された土手の桜は花見の名所で、人気の行楽地だったと伝わる。物資の乏しい戦時中、桜の木は燃料用に伐採された。

長い間、この茶店の存在が飲兵衛たちの話題となることはなかった。ところがここ数年、店は打って変わって賑わい始めた。久々に訪れた休日の午後、調理場の前でオーダーを待つ客たちの奥には、忙《せわ》しなく立ち働く女将の姿があった。鍋《なべ》におでんのネタをドッと補充し、鉄板で四~五人分の焼きそばを混ぜ返す。焼き台では焼き鳥が煙り、焼きたての串盛《くしも》りが客に手渡される。今日は手伝いの姿も見当たらない。ひっきりなしの注文を女将一人で賄《まかな》う。

「あのままじゃあ、ぶっ倒れるよ」

気遣う客の小声が聞こえる。息つく暇もない女将がやっと目の前の僕に気付き、頬《ほほ》をゆるませた。挨拶《あいさつ》もそこそこに、焼酎《しょうちゅう》のソーダ割りを注文。追加は、氷水のケースから瓶ビールをセルフサービスで頂けばいい。店の表には簾《すだれ》の日除《ひよ》け屋根を付けたテラス席が幾つか並んでいる。僕は数人の青年たちが占める卓に相席させてもらった。彼らは茶店がよほど気に入ったらしく、嬉々《きき》としてビールを呷《あお》る。

「こんな不思議な場所、本当にあったんですね」

ほろ酔いの青年が、僕の顔を覗《のぞ》き込みながらビールを注いでくれた。ここには僕もファンタスティックな思い出を持っている。茶店の前の広大な中州がびっしりと菜の花で埋もれていた春の夕べ。沈まんとする太陽と同時に昇る満月を目《ま》の当たりにした。赤錆《あかさ》びて燃える恒星と黄色の衛星が、同じ菜の花の地平線に浮かぶ。

俳人・蕪村《ぶそん》の名句「菜の花や月は東に日は西に」の見事なまでの実景だった。その中州も治水工事で削り取られ、護岸整備も終わって河川敷は大きく様変わり。川面に浮かぶ小島は泡沫《あわ》のごとく消えた。僕は、キツネかタヌキにでもつままれた気分となった。

青年たちの茶店体験も、夏の河原で探し当てた〝幻の酒盛り〟に過ぎないだろう。年を経て訪れてみれば、夏草に隠れた〝菅渡船場跡〟の碑だけが残っているのかもしれない。茶店はどうなっているのか、なんて聞かれても困る。

なにせ屋号は「たぬきや」なのだから。

明るく上品な華やかさを、京言葉で〝はんなり〟という。女性の風体《ふうてい》と身のこなし、あるいは京菓子の味などを表現するのに使う。語源はおおむね〝華なり（あり）〟とされている。〝はんなり〟とした女性とは、優雅な物腰と聡明《そうめい》さを併せ持ちながら、どこかとっつきやすい女の人、と言い換えてもいい。着物の着こなしが板に付いていれば〝はんなり〟の条件はいっそう整う。

意外にも「はんなり」の看板を掲げた店が、戦後闇市《やみいち》の趣《おもむき》を残す横丁の奥にあった。JR中央線吉祥寺《きちじょうじ》駅北口の通称・ハーモニカ横丁だ。店主は短めの髪を後ろにまとめた小顔の女性。小紋柄《こもんがら》の着物姿がさりげない。カウンター内で襟足《えりあし》を覗かせて慎ましやかに料理を盛る。

「お一人ですか、ちょうどお店を開けるところです」

控えめな物言いが心地《ここち》いい。縁日のような賑わいを見せる通路側のスツールに腰かけ、焼酎のお湯割りを呷る。混沌《こんとん》の中、真綿に包まれてほっこりとする。

「〝はんなり〟か〜。お似合いの屋号じゃあないか」

一方、下町の大衆酒場だと、女将は形振《なりふ》りかまわずの奮戦を強いられる。

「酔っ払いがおっかなくて、流産までしちゃったわよ」

東京の江東区で大衆酒場を切り盛りする肝《きも》っ玉《たま》女将が、開業当初を述懐する。二人目は無事に出産し、赤ん坊を背負ったまま賄い場で立ち働いた。そんな健気《けなげ》な女将に、下町の職人たちは故郷の〝おふくろ〟のイメージを重ねた。働き盛りの客たちは、女将が自ら供してくれる特大の〝おにぎり〟に勇気づけられた。戦後、東京の復興期を支えたのは、下町の大衆酒場に他ならない。

ホルモン焼きの煙に巻かれて立ち酒の途中、飲み仲間の一人から連絡が入った。

「ママさんが復帰してまんねん。ちょっと代わりますわ」

新宿の花園《はなぞの》神社の参道脇《わき》にある一杯飲み屋「川太郎《かわたろう》」からだった。体調を崩し長期間休養していたママさんは、以前と変わらず純朴さの滲《にじ》み出るおっとりとした語り口だ。カウンターだけの小さな箱型の店で、うっかりすると神社の物置かと見過ごしてしまう。初めてお邪魔したころは、すでに常連客の足も遠のいていた。

「寄る年波には勝てませんからね」

事の次第がどうであれ、熊本出身のママさんは目尻《めじり》にいつも笑みを湛《たた》えて話す。カウンター隅の中型ポータブル・ラジオからNHKの深夜番組がノイズ混じりに流れている。セピア色の壁紙に、アナウンサーのゆっくりした喋《しゃべ》り声が一段と侘《わび》しく響いていた。創業した昭和四十年代半ばで、時の流れは止まっているかのようだ。

しかし、この穏やかな静寂が時として打ち破られる。突如、店の床下から地震のような振動を伴って大音響が突き上げてきた。何事が起きたのかと思わずママさんの顔を見る。

「隣のビルの地下にライブハウスがあるんですよ」

相変わらず柔和な表情で答えた。ロックバンドのライブが終われば床の振動もおさまる。

ここは腰を据えて球磨《くま》焼酎のお湯割りでも飲むほかない。

ところが、厄介な客の対応に苦慮するママさんの顔を一度だけ見た。血走った眼の男が、女一人の非力さに付け込んで居座ろうとしている。そこへ行き合わせた僕はママさんに加勢し、店から男を立ち去らせた。

「怖いですね。酒だけの酔っ払いじゃあないんですよ」

ドラッグ依存らしい通りすがりの男だった。女将一人で切り盛りするゆえのリスクだろう。

僕は見知った客が来るのを「川太郎」で待つうち、宵越しの始発電車に揺られる羽目となった。車窓の多摩川は朝日を受けてきらきらと乱反射していた。朦朧《もうろう》としながらも河原を歩き、いつしかニセアカシアの木陰で鞄《かばん》を枕《まくら》にうたた寝していた。誰かの通る気配で目覚めると、視線の先に月見草が一輪。

「酔ふきみの仕草や風に月見草」

あれはいつのことだっけ……。

ビバ！　麦酒《ビア》!!

「とりあえずビールにしましょう」

たいていの飲み会は、この言葉から始まる。

「熊本の〝飲み方〟では〝さしより生《なま》〟が合言葉なんですよ」

地震見舞いで郷里の熊本市へ戻った仕事仲間が電話口で話す。〝さしより〟とは〝とりあえず〟を意味する熊本弁。〝生〟はもちろん生ビールだ。とにかく生ビール抜きの酒席は考えられないという。ちなみに、仲間内でワイワイと盛り上がる飲み会のことを熊本の方言で〝飲み方〟と呼ぶ。

「居酒屋で〝さしより生〟の元気な声を早く聞きたいですね」

途中で電話を代わった地元誌編集長の言葉だ。電話の向こうから編集スタッフたちの賑わいが伝わってくる。だが、市内の盛り場は自粛ムードで静かだという。

「まだ、飲み屋へ繰り出す気分にはなれないみたいですね」

そう訊《たず》ねてみた。沈んだ気持ちを吹っ切る糸口は見えているのだろうか。

「大丈夫です。熊本流〝飲み方〟の復活で活気を取り戻しますよ」

頼もしい一言が返ってきた。


僕の郷里高知県は〝飲酒天国〟を自負する。僕は清酒こそが土佐の代表酒と思い込んでいた。たしかに成人一人当たりの清酒消費量も少なくはないが、四七都道府県中で一五位前後。ところが、ビールの消費量は東京のような大都市に次いで高知の名が挙がってくる。しかも一日にかける飲食費用は全国平均を大きく上回って、高知が全国一位とも言われる。

「所得が低いわりにゃあ、土佐人の酒代はぶっちぎりのトップぜよ」

誇らしげに語った店主の髭面《ひげづら》が浮かぶ。カウンターに連日午前中から飲み客が集う、高知市内の名物酒場「葉牡丹《はぼたん》」だ。宵越しの銭は持たない土佐っ子、ビールの泡と消える酒代の割合も増えているのだろう。一方、清酒の売り上げが伸び悩む県内の蔵元たちが危機感を募らせて会合を持った。会の冒頭、開会の挨拶に続いて乾杯の発声。酒蔵の社長らが一斉に呷ったのは、冷えたビールだった。

高知の飲酒量を押し上げているのは、〝ハチキン〟（男勝り）女性の存在が大きい。ビールの消費量にも拍車をかけていそうな気がする。そう感じたのは、高知市内の料亭旅館「臨水《りんすい》」の女将とベテラン仲居頭《なかいがしら》の接客ぶりを目の当たりにした時だった。

「は〜い、みなさん、仲居たちにもビールを飲ませちゃってや〜」

三味線《しゃみせん》のバチさばきも怪しくなった女将が座敷客に呼びかける。ビールを注がれた仲居さんたちは、キューッと一気に飲み干す。見事な飲みっぷりに客たちも大喜び。興に乗った女性客が土佐のお座敷芸〝しばてん踊り〟にチャレンジした。岡山から来たという長身の彼女は即興でベリーダンス風にアレンジ、座敷は抱腹絶倒、拍手喝采《かっさい》。

極めつきが、仲居頭指導の〝芸者ワルツ〟の替え歌。全ビールメーカーの名が語呂《ごろ》よくオリジナルの歌詞にはまる。僕も浮かれて仲居頭の替え歌に合わせた。〝♪Kビールに、Sビール、Aビールの〜〟と続き、〝わたしの〜欲しいのは、あなたの口ビ〜ル〟、ブチュっと不意のキスに僕は呆然《ぼうぜん》。もう酒だろうとビールだろうとおかまいなし。これがアルコール度数の高い清酒だけなら正体なく酩酊《めいてい》しかねない。うまい具合にビールが酔い加減のバランスをとってくれる。

以前、閏年《うるうどし》の二月二十九日に高知のどこかでビアガーデンがオープンした。切りのいい三月一日としなかったのは〝日本一早いオープン〟を掲げたかったからだろう。また、二〇一三年八月に四万十《しまんと》市で日本の観測史上最高気温四一度を記録。ニュース映像には、嬉《うれ》しそうにピースサインで応じる地元若者たちの笑顔が映っていた。何であれ日本一と呼ばれるのが大好きな県民性のようだ。〝日本一の暑さ〟を体験しようと他県からも車が押し寄せた。おかげで、四万十市の入り口は渋滞したと聞く。県外からの来訪者曰《いわ》く、「この暑さ、ビール飲むしかないわ」。

いずれにしても高知の気候は温暖で湿潤。夏ともなれば、沿岸部は炎帝《えんてい》の放つ灼熱《しゃくねつ》の光線に見舞われる。土佐っ子はこれに対抗する方法を思いついた。ビアジョッキを楯代《たて》わりに炎帝の頭上からの攻撃を跳ね返せばいい。この時季、至るところで潮風にはためく幟が林立する。幟には〝風林火山〟ならぬ〝たっすいがは、いかん！〟の太文字。土佐弁で〝たっすい〟は〝軟弱〟の意となる。実はこのキャッチコピー、高知のビール市場でトップシェアに躍り出たビールメーカーのもの。方言のストレートな表現力が地元民の心を摑《つか》んだといえる。

このメーカーのシンボルマークが中国から伝わった想像上の聖獣。龍に似た頭と馬に似た胴体を持っている。龍と馬なので坂本龍馬《さかもとりょうま》を連想させるそうな……？　土佐人が、このシンボルマークに潜在的な共感を抱いても不思議はない。

キンキンに冷えたビールのツマミは、是非とも知りたいところ。カツオの塩タタキは言うに及ばないが、僕ならウツボの唐揚げをお薦めしたい。からっとサクサクの食感の後、淡白な旨味《うまみ》が舌にほぐれる。そこへビールの波頭が寄せれば〝土佐流の涼〟が得られる。強面《こわもて》のウツボ、強壮効果はスッポンやウナギに勝るとも劣らない。お試しあれ。

南国の土佐ならともかく、北海道の極寒の地でも生ビールが人気だと知って少々戸惑った。折よく、真冬の稚内《わっかない》で飲む機会を得た。見渡す限り白銀の世界、雪壁の陰で灯《とも》る赤提灯《あかちょうちん》を探して歩いた。そして辿《たど》り着いたのが「郷土料理・網元」。暖簾《のれん》を潜《くぐ》ると、二重のガラスのドアが続く。奥ではカウンターへ座した数人の地元客がみな一様にジョッキの生ビールを呷っていた。

「北海道はこのスタイルで飲むんですよ」

ゴムの長靴を履いたTシャツ姿の男性が言う。雪景色の侘しい町並を歩いた後、いきなり夏の海の家へ入ったような錯覚に陥った。それもそのはず、冬の北海道は室内温度の設定がやたら高い。しかも二重サッシ戸で外の寒気を遮断してある。Tシャツ、半ズボン、生ビールが冬の北海道の三種の神器、と知った。居酒屋の二階座敷で飲み会など開こうものなら、一階から上ってくる熱気でたまらなくなる。小樽《おたる》ではクーラーをかけてもらい、冷えた生ビールで凌《しの》いだことさえある。余談ながら、北海道では冬期のアイスクリーム消費量が日本一らしい。

また、夏にはビールイベントが大規模に催される。札幌大通《おおどおり》公園のビアガーデンだ。今年（二〇一六年）は七月二十日から八月十五日まで開催される。北海道の夏は驚くほど短い。だからこそ、札幌市民は色めき立つ。鮮やかな緑と花々は一気に溢《あふ》れ、噴水の上がる公園を涼やかな風が渡る。およそ一キロメートルもの会場に一万三〇〇〇席が用意される、国内最大級のビア・フェスタ。夏空の下のビールは格別の味わいだ。

「ビールの浸透ぶりは、きっと高知の比じゃあないわよ」

とは、アスリート系札幌女子の談。彼女は中ジョッキ五杯が基本の飲酒量。それ以上飲む姿は見ないことにしている。高知と気候風土の違う北海道にも、似たようなビールのエピソードがあった。前年、〝ミス日本酒〟の北海道地区選考会でのこと。僕も選考委員として招かれていた。〝ミス日本酒〟（Miss SAKE）とは、日本酒と日本の魅力を世界に発信するアンバサダーだ。主催者が開会の辞に次いで〝カンパ〜イ〟の音頭を取った。それに呼応して、参加者全員が高々と掲げたのはなんとビアグラス。失態に気付くも時すでに遅し、会場内のあちこちから失笑が洩《も》れた。やはり、どこかの酒蔵の社長たちと五十歩百歩。ビールは、無意識の領域まで染み込んでいるに違いない。

北海道とビール。切っても切れないように思える象徴が、札幌にあるビール園だろう。レンガ造りの煙突をはじめ、歴史的な赤レンガの建造物群は圧巻。ビール博物館と大ビアホールになっており、国内外からの観光客が押し寄せる。無論、みんなは生ビールを呷り、ジンギスカン料理に舌鼓を打つ。僕も北海道滞在の初日は、生ビールとジンギスカン鍋を頂く。これはもう、北の大地への儀式かもしれない。

プラタナスの木陰のもと、グラスに様々な思いが吹き抜けてゆく。

「泡沫《うたかた》をグラスに聞きて走馬灯」

透明な風に、短い夏を惜しむ。

パリのバックパッカー

僕が西洋美術に傾倒していた青春時代。渡仏することで、画家としての闇雲な一歩を踏み出した。

パリでは、知人の画家夫婦からアトリエとして屋根裏部屋を又借りしていた。家主は気のいいフランス人の老夫婦で「偉大な画家を目指してください」などと社交辞令も言ってくれる。重厚なアパート形式の住宅は初めて。エレベーターのない八階で元メイド用の部屋だ。傾斜した天窓だけがパリの空とつながっていた。

展覧会用の絵を描きながら夜明かしすることもあった。バゲット（フランスパン）と赤のテーブルワインだけで過ごす、至って慎《つつ》ましい生活。けれど、一歩街へ出れば歴史的建造物やミュージアム、街路樹の脇には洒落《しゃれ》たカフェといった、パリならではの洗練された環境。一〇分ほど歩けばロダン美術館があり、少し足を延ばせばセーヌ川に架かるデコラティブなアレクサンドル三世橋へ至る。食料はモンパルナスのスーパーで調達。パリの街並みは、そんな日常さえもシャンソンの歌詞になる。

セーヌ川の中州のシテ島を挟んで架かる橋「ポン・ヌフ」は新しい橋を意味する。アーチが並ぶシンプルな二つの橋の総称で、セーヌ川に美しい影を映している。名前とは裏腹にパリ最古の橋だ。東京の新橋をポン・ヌフになぞらえて詠んだ一句。

「新橋《ポン・ヌフ》の宵五月雨《さみだ》るる孤悲《こい》ごころ」

寂しさで萎《な》えてしまいそうな心を、どうにかつなぎとめてくれたのは、芸術家としての誇りだった。

シテ島の上流部にはノートルダム寺院が聳《そび》え建つ。重厚なゴシック建築初期の傑作と言われる大聖堂に圧倒される。聖堂内には信者の灯す蠟燭《ろうそく》が、いくつも揺らめいていた。その炎へ手のひらを押し付けて消し歩く異様な男がいる。薄暗くて風貌《ふうぼう》は判然としないものの、ギラつく眼光と強張《こわば》った表情。ヨーロッパ社会の亀裂《きれつ》の闇に触れた気がした。

日本人の海外パッケージツアーがブームとなり始めていた一九七〇年代半ば。バックパッカーと呼ばれる旅スタイルの若者たちも珍しくなかった。リュックサックを背負い、チケットやホテルは自分で手配する気ままな旅。自由な反面、リスクも背負う。当時、ヨーロッパでも旅行者を狙う窃盗犯罪は横行していた。生真面目《きまじめ》でおとなしい日本人旅行者は、おあつらえ向きのカモと見なされていた。僕が拠点としていたパリは、ほぼヨーロッパの中心に位置する。少し足を延ばせばオランダのアムステルダムにあるゴッホ美術館、ロンドンではかつてのテート・ギャラリー（現テート・ブリテン）など、好きな画家たちの作品が身近に鑑賞できた。この時は僕もバックパッカーとなった。

ロンドンではアールズ・コート（Earls Court）の安宿に滞在。早朝から軽くジョギングしながら近くのハイドパークまで行く。広大な敷地内にはリスが遊ぶのみ。まだ、人の姿はない。すると青葉の繁《しげ》る木々の陰から、突然、乗馬服の女性が颯爽《さっそう》と栗毛馬《くりげうま》を駆って現れた。まるで映画のワンシーン、貴族社会の片鱗《へんりん》を窺《うかが》わせる。午後は、ダブルデッカーに乗って美術館めぐり。かねてより心酔していたターナー、リチャード・ダッド、ウィリアム・ブレイクの作品を目の当たりにする喜びはひとしおだ。

夜は、ぐっと庶民的なパブを探検する。たいていの店は、ビアタップ（生ビールの注ぎ口）の並ぶカウンターがメインの造りだ。ポピュラーな生ビールの一つ、バスペールエールの味を覚えた。

ほろ酔って調子づけば、そのままライブハウスを目指す。偶然辿り着いたジャズクラブでは、スペースにゆとりのあるステージ前へ促された。イギリスではビールを買いやすい後方席から埋まるらしい。ミュージシャンはニューヨークから来たビッグネームの黒人ジャズバンド。大いなるノリに興じた。浮かれ気分で宿への帰路、軽やかなダンスステップもはばからない。通りがかりの車から歓声が上がる。

ロンドンの安宿からパリへ戻ったが、たまには良いホテルでくつろぎたい。といっても場所はモンパルナスの下町、裏小路の中級ホテルへ泊まった。ホテルの前で出会った日本人バックパッカーとツインルームをシェアした。お互い、ささやかな贅沢《ぜいたく》に乾杯して横になった。深夜、ガチャガチャと鍵束《かぎたば》の音がする。何者かが侵入してきた。真っ暗な部屋にもかかわらず僕らの枕元をすたすたと過ぎる気配。僕は反射的に声を荒らげた。

「あっ、ごめんごめん、部屋を間違えちゃった」

侵入者は、そんな意味のことを口走って退散した。隣のベッドで爆睡していた彼も目を覚ましたが、長旅のせいかすぐに寝入ってしまった。一方、僕にはさほどの疲れはない。部屋の戸締まりを確かめ、用心のため薄明かりを点《つ》けて眠った。コソ泥は、トラベラーズチェックが換金されたばかりと見当をつけて来たのだ。

そして小一時間が過ぎた後、またもや鍵束の音。ドアの前へ鳴子《なるこ》代わりに置いた椅子《いす》がガタゴトと動く。すぐさまドアへ駆け寄り、椅子ごと横蹴《よこげ》りを入れて「いい加減にしろ」と怒鳴った。ドアの向こう、コソ泥はあたふたと走り去る。うんざりして溜息《ためいき》をつく僕に、

「豹《ひょう》みたいな動きですね」

彼は目をこすりながら妙なところに感心している。翌朝、チェックアウトで狭いフロントへ立ち寄ったものの、おばさんが一人涼しい顔で立っているだけ。抗議のしようもない。日本人バックパッカーが泥のように眠りこけた隙《すき》の盗難被害は時折伝え聞いた。

展覧会の出品作品を描き上げた僕は、知人夫妻に搬入手続きを託してスペインへ向かった。目的はマドリードのプラド美術館だったが、旅のルートは好奇心に任せて大きく遠回りする。ジブラルタル海峡をフェリーで渡った。モロッコのタンジェ（タンジール）とスペインのアルヘシラス港を往復し、再びアンダルシア地方の果てしないヒマワリ畑に辿り着く。

いつしか、僕の乗った列車は夜の帳《とばり》を突っ切っていた。闇に呑《の》まれたヒマワリ畑は、沈黙したまま。月光が眩《まぶ》しいばかりに一条の雲を際立たせる。まるで一匹の龍じゃあないか。畳と真綿布団が無性に恋しくてならない。朦朧と睡魔に搦《から》め捕られていくばかり。

気が付けば、列車のボックス席の中。膝《ひざ》をくの字に曲げて眠っていた。窓の外は夜明け前の薄闇、そこは殺風景なだけの車両基地だと分かった。リュックを整え、車両から静まり返った線路脇へ飛び降りた。あたりは、切り崩された崖《がけ》と有刺鉄線に囲まれている。終着駅なら、地中海沿岸の町アルメリアのはず。とにかく鈍く光る鉄路を辿れば町が見えてくるだろう。来た方向へ向かって歩けばいい。

軌道上をしばらく行くと、前方に線路工事の人影が見える。作業員が出入りするのか鉄柵《てっさく》も一ヵ所、開いている。柵の外は道路が並行して延びていた。忍び足で近づき、鉄柵の開け放たれたところへ到達。

「おはようございます。駅までどのくらいかかるでしょうか」

大声で尋ねると、作業員がみな驚いて振り返った。リーダー格の一人に駅までの道筋を説明してもらう。「気をつけてな」と、元気づけてくれた。

予定より数週間延びてパリへ戻った。降り立ったリヨン駅構内、数人の日本人バックパッカーと居合わせた。一人の少年が僕たちを見て「ジプシー！」と叫んで走り去る。なるほど、フランスでは俄《にわ》かに増えた日本人バックパッカーを〝ジプシー〟と呼んで揶揄《やゆ》する連中もいた。その夜、モンマルトルにあるワインバーへ寄って、ロゼを頼んだ。グラスに淡いピンク色が揺れる。U字型カウンターに日焼けした顔の男が三人、好奇の眼差《まなざ》しを向けてくる。〝カンパ〜イ〟とグラスを上げた。東欧からの出稼ぎ労働者で、パリで飲むのも、日本人をそばで見るのも初めてらしい。片言の英語でやりとりするも、不自由はない。

「絵描きさんかい」

僕の出《い》で立ちで判断したのだろうか。細めのブルージーンズに編み上げのロンドンブーツ、白のドレスシャツを羽織っていた。たわいない会話にしばしくつろぐ。バーを出て石畳の坂道をゆっくりと下る。ふと、少年の投げた言葉が浮かぶ。

〝ジプシー〟。まんざらでもないか。

盃に揺れる青き幻影

遠方に富士山の雄姿を望んで一杯やる。至福の時かもしれない。とりわけ飛行機からの富《ふ》嶽景《がくけい》には意表を突かれる。羽田《はねだ》と高知を結ぶ空路、窓側席に座った。東京湾の上空へ突き抜けてしばらく経つと、富士山の接近が軽やかな声でアナウンスされる。空気の澄んだ日、巨大な独立峰ならではの存在感を放ち、噴火口も露《あら》わに眼下に迫ってくる。まるで未知の惑星を探査するようなときめき。白ワインを飲み、ＳＦ映画のような富嶽図と向き合う。密《ひそ》やかな贅沢と思っている。

富士山には忘れ難いいくつかの体験がある。夏から初秋にかけて稀に見られるという赤富士がその一つ。東名高速道の御殿場《ごてんば》付近を西へ向かう途中だった。視界を遮《さえぎ》っていた濃霧が晴れ、雲の裂け目が大きく広がり始めた時のこと。晴れ間が異様な赤に染まっている。しかも不気味な生血色。それが赤富士だった。

その強烈な色彩は今も脳裏に焼き付いている。富士山本宮浅間《ほんぐうせんげん》大社の主祭神は、『古事記』に登場する木花之佐久夜毘売命（コノハナノサクヤヒメノミコト）なる美しい姫神。火焔《かえん》を鎮める力を持つ。赤富士の尋常ならざる朱色は、姫神の激しい情念を象徴しているかのようだった。

機上で妄想をたくましくするのも束の間《つかま》、旅客機は高知龍馬空港へ降り立った。俳画制作の準備で、土佐和紙を購入する予定がある。とはいえ、土佐へ来れば何を差し置いても優先するのが酒の縁だ。時には男まさりの〝ハチキン〟女性と一献傾けるのもいい。かつて土佐酒の取材でご一緒したライターのF女史なら、相手にとって不足はない。飲みっぷりもキワモノ談義にも長《た》けるFさん、こちらも討ち死にの覚悟が要る。

その日の午後、名物居酒屋「葉牡丹」で待ち合わせた。路面電車の通りに面し、昼前から飲み客で賑わう。奥の小上がりに落ち着いた。チャンバラ貝、ウツボのタタキなどをツマミに、酒は〝桂月〟のぬる燗《かん》から始めよう。

「わたしと飲むのは、修行のつもりでしょう」

ハチキンはいきなり軽いジャブを繰り出してきた。見透かされている。これをかわして僕は携帯で撮った富士山の俯瞰《ふかん》写真を披露した。見慣れない富士山のアングルに、Fさんは感心しきり。

「相変わらず〝幻〟を追いかけているようやね」

僕は富士山へ一度だけ登ったことがある。その時一緒だったガールフレンドの存在が女性観を狂わせたと、Fさんは指摘する。そのころの僕は『古事記』の神話をテーマとするイラストの仕事に取り組んでおり、登場する女神のモデルが彼女だった。だが、そのミューズを失うのにさほどの月日はかからなかった。

「引き裂かれた青春の置き土産《みやげ》が、例の『古事記』本とコノハナノサクヤヒメノミコトの富士山やね」

歯に衣《きぬ》を着せないFさんの言葉。僕は、ぐうの音も出ない。

「はりまや橋のエピソード。あれはほぼ事実なんを知っちゅうがやろう」

Fさんが続ける。僕は盃《さかずき》を干した成り行きで頷《うなず》いた。

♪土佐の〜高知の〜はりまや橋で〜坊さんカンザシ買うを見た……と歌われる民謡・よさこい節は、四国八十八カ所霊場三十一番札所、竹林寺《ちくりんじ》南坊の住職〝純信《じゅんしん》〟三十七歳と鋳掛《いか》け屋の町娘〝お馬《うま》〟十七歳の悲恋物語として伝わる。

物語は、坊さんが〝はりまや橋〟にある小間物店・橘屋《たちばなや》で高価なカンザシを買う現場を町衆に目撃されたことから始まる。狭い城下町、噂《うわさ》が広まるのも早い。ところが、カンザシを買ったのは純信ではなく、お馬に惚《ほ》れていた別の若い僧侶《そうりょ》だった。Fさん流の講釈に従えば、社会的地位も貫禄もある中年住職へ心移りしたお馬を、若い僧侶は高価なカンザシで引き留めたかった、ということらしい。

「カンザシを買《こ》うた破戒僧の濡《ぬ》れ衣《ぎぬ》を純信に着せたんやね。お馬さん、よっぽどファザコンやったと思うわ。お父さんはよそに女の人をこしらえてたことやろうし、事実上の母子家庭やったんや」

と脚色までする。五台山《ごだいさん》の頂上付近にある竹林寺の南坊跡や、お馬が洗濯物を運んだ石畳の遍路道も残されており、県立牧野《まきの》植物園内にて見学できる。

純信とお馬の二度にわたる逃避行は失敗。土佐藩の追っ手に連れ戻され、三ヵ所の晒《さら》しの刑に処せられた。これが大評判となって市中は二人の噂でもちきり。

「肥えた髭面の坊さんに比べりゃあ、お馬さんは乙女盛りぜよ」

好奇の眼は、やや赤毛で色白のうら若きお馬に集中。刑場は、長蛇の列ができた。元来、土佐人の気質はラテン系。駆け落ちごときを本気で罪などと思う者とておらず、とりわけお馬はスーパーアイドルだったに違いない。

「いったい、お馬さんの何を見たかったがじゃろうかねえ」

Fさんは町衆の野次馬根性を冷ややかに揶揄し、駆け落ち話のオチを語った。生涯、二度と会うことのなかった二人は、それぞれ天寿を全うしている。だが、純信は引き離されてからも、ずっとお馬への未練を捨てることができず、恋文さえも知人に託す始末。一方のお馬は、さらりと人生をリセットし、子宝に恵まれて充実した家庭生活を送った。託された恋文は宙に浮いてしまい、近年、どこかの家の障子紙に貼《は》られてあったのが発見された。

「瀬戸内《せとうち》の小さな寺子屋で、先生をやりながら独り身を通したらしいねえ」

純信の晩年に触れながら、Fさんは徳利《とっくり》のわずかな残り酒を自分の盃へ注ぎ切った。そして、若い仲居さんの方へ空徳利をすっと差し出す。仲居さんも心得たもので、酔客への対応にそつがない。さほど間を置かず、徳利のお代わりが届く。

畢竟《ひっきょう》、夢を追うのが男で、女は現実的な生き物というFさんの〝はりまや橋物語〟だった。なんだか僕への人生訓めいた内容にすり替わった気もする。

「富士山へ女連れで登ったのは間違いやったかもしれんね」

姫神コノハナノサクヤヒメの嫉妬心《しっとしん》が一切を幻にしたというのだろうか。

「逆鱗《げきりん》に触れるほどの美人さんだったんでしょうね」

Fさんが珍しく柔和な表情で、優しく言い足した。

「でも、やっぱり男は、幻を追い続けるんじゃろねえ」

もう、すっかり酔いの回った僕は胡坐《あぐら》を組んだままコクリとこうべを垂れた。


次の朝、ラジオの中継を兼ねて高知市にほど近い、いの町《ちょう》の〝いの町紙の博物館〟を訪れた。石壁が、どっしりとした灰色の屋根瓦《がわら》にマッチして風格がある。手すき和紙の体験コーナーで、色紙大のサイズを二枚作らせてもらった。仕上がりの手触りは心地いい。だが、自分の絵の手法との相性は試すほかない。

「ちょっと面白いカフェで一息入れましょう」

仕事仲間が気遣ってくれる。案内に従って着いた場所が町はずれの道路脇に建つ侘住まい。しげしげと埃《ほこり》っぽい平屋の外観を見回した。すると、看板らしき〝無国籍料理、カフェ〟の文字がある。入り口でスリッパに履き替えた。男やもめの荒屋《あばらや》風カフェ。二人の先客と入れ替わりだったが、食材も尽きたという。有り合わせで作るパスタを頂くことにして、僕らは〝テラス席〟へ着いた。そこは、どうにか水平を保っている洗濯干し場だ。

「ここって、店名を〝カフェどつぼ〟としたいねえ」

同行の女性アナウンサーが明るく言った。確かに。こんなユニークなカフェ、よそにあるのだろうか。外で老犬が寝返りを打つ。それで、犬小屋の存在に気付いた。

もう一軒、親しい飲み仲間が営む日本茶専門店に立ち寄った。坂本龍馬の生家跡に近い。店舗となっている一階は清潔でスマートな店構え。女将が涼しい風合いの着物姿で恭《うやうや》しく出迎える。エレベーターで最上階の茶室に通された。茶会用の数寄屋《すきや》が造作されている。露地庭を歩いて茶室のにじり口から作法どおりに入った。

貴人畳に正座して、床の間の掛け軸、花器に一輪の牡丹、茶道具などなど眺めれば、主人と客の共有空間は利休《りきゅう》宇宙の中心だと納得できる。

「また、戻ってきてや」

女将の声を背に帰路についた。高知龍馬空港からの夜間飛行は、富士山の南方をかすめる空路。下方の闇の中には、コノハナノサクヤヒメの残像と、お馬と純信の皮肉な結末、そして誰かの青春の古傷が渦巻く。
しばしの間、白ワインのほろ酔いに身を委《ゆだ》ねるとしよう。

旨酒を集めて早し……

山形駅に隣接するホテルの窓から、月山《がっさん》に連なる山塊が望める。初夏の日差しが眩しい六月。斑状《まだらじょう》に残る雪渓《せっけい》は、黒ずんだ山肌に浮かぶ雲のように見える。山形市近郊の水を張った稲田やさくらんぼ畑の広がる田園風景とは、遠く隔絶した世界だ。僕は〝全国6号酵母サミット〟と題する酒宴イベントに招かれていた。いくぶん仰々しいタイトルに〝with 吉田類〟とあるからますます気恥ずかしい。

6号酵母は昭和の初期に優秀さが立証され、日本醸造協会から通称〝K6号酵母〟として頒布されている。秋田市の新政《あらまさ》酒造の醪《もろみ》から採取されたため〝新政酵母〟とも呼ばれる。イベントは、この6号酵母を使った酒の旨さをもう一度見直そうという趣旨だ。地元山形をはじめ七つの県から一一の酒蔵が参加して開催された。

会場は、宿泊するホテル内にある。月山のシルエットが濃くなる夕暮れ、そろそろ開宴時刻が迫ってきた。

「四階の宴会場の方へ、移動なさってください」

イベント実行委員の一人、K青年に案内された。ドアの隙間から場内の様子に耳をそばだてる。間もなく、女性司会者によって僕の名が呼ばれた。入場テーマ曲のイントロが流れ始め、場内にどよめきが巻き起こる。数秒後、入場曲はガラッとアップテンポに変調。このタイミングでドアが開いて、僕が登場する。拍手に呑み込まれながらハイタッチで会場を小走りに回り、そのまま正面ステージへ駆け上がる予定だった。

ところが、場内の動線に難があった。ホール前面に特設ステージ、中央には振る舞い酒のカウンターが設置されており、残りの限られたスペースに細長いテーブル席が並ぶ。そこへ、ざっと三〇〇名の参加者がびっしりの状態。場内は半身ですり抜けるのがやっとだった。ただ、この狭さが賑々《にぎにぎ》しい盛況ぶりに映る。嬉しい誤算かもしれない。

〝カンパ～イ〟と高らかに音頭を取ると、場内のテンションも高まる。どうやら酒造りの専門的なトークを期待する様子はない。手短に喋り終えて舞台から降り、一期一会ともならん乾杯、また乾杯と人垣をめぐった。

「わたしのお腹《なか》、撫《な》でてください」

驚いて振り向くと、愛くるしい笑顔の妊婦が黒いマタニティードレスのお腹をふわりと突き出した。僕は平静を装って彼女の仰せに従った。薄衣越しにはち切れんばかりの生命感が伝わってくる。そこでカシャッとシャッターの音。

「おまえ、良かったなあ」

ご亭主が若妻に声をかけた。彼らとの会話を楽しむ暇《いとま》もなく、僕は隣のグループ客の中へ引き込まれた。グラスに注ぎ足される酒の銘柄もまちまち。混合酒には慣れっこだ。目まぐるしい二時間があっという間に過ぎた。控室に戻って一息つく。届けられたお土産の一つに目が留まった。瓶詰の入った白い小袋の表に手書きの文字がある。

「お酒のおつまみに食べてください。お腹を撫でていただいてありがとう……。肝臓の強い子を産みます!」

と、力強く記してあった。取り出して商品の説明書に目を通し始めたところへ、ドアのチャイムが鳴った。

「タクシーの用意ができています」

K君は、手回しがいい。着替える間もなく夜の飲食街へ連れ出された。一軒目に入ったのが七日町《なぬかまち》の居酒屋。店名が「やっしょまかしょ」と風変わりだが、これは山形民謡〝花笠音頭《はながさおんど》〟に唄《うた》われる合いの手だ。店構えも店内も風通しのいい明るさ。アルファベットで屋号が染め抜かれた暖簾の手前に、丸形の祭り提灯が揺れている。ガラガラッと大型のガラス戸を引いて入るK君の後に続いた。

「類さんがお着きでーす!」

K君の発した声に歓声が沸く。あれれっ、ほとんどの客は僕が来店することを承知していたようだ。こうなれば逃げ隠れする必要はない。調理場を囲むカウンター席の真ん中に着いた。潑剌《はつらつ》とした小粋な店主夫妻の接客ぶりが心地いい。まずは、定番どおり生ビールを注文する。お通しは引き締まった冷奴に、様々な薬味が刻まれた〝だし〟を載せた一品。この〝だし〟は山形の名物郷土料理で家庭ごとに薬味の種類が異なり、オクラ、ミョウガ、オオバ等々が刻み込まれている。詳しい〝だし〟のレシピを訊ねようとしたその時、トングで一摑みした生乾しシラスがバサッと載せられた。さらに間髪をいれず女性店員の「もう一丁!」のかけ声とともにバサッ。シラスの山盛りが〝だし〟を覆った。この一連のパフォーマンスにわくわくさせられる。

一杯目の酒は店長の出身地、山形県長井市《ながい》の純米酒〝惣邑《そうむら》〟。これに合わせたのが山形牛を使った〝とろすじ煮込み〟だ。熱々の土鍋に盛られ、受け皿にはバゲットが添えられていた。開店以来、特製のタレを注ぎ足し続けて今日で八〇三日目とは、入り口の黒板にも謳《うた》ってある。濃厚な食感ながら、さっぱりとした後味がいい。赤ワインとブーケガルニの効いた、東京下町で評判のモツ煮込みと拮抗《きっこう》する味わいだ。

二杯目の酒は東置賜《ひがしおきたま》郡、樽平《たるへい》酒造の〝銀住吉《ぎんすみよし》〟をぬる燗で頂く。これには馬刺しの赤身をニンニクおろし醬油《じょうゆ》で食した。もう一品、忘れてはならないのがシメサバ。青森県八戸《はちのへ》のブランド魚として売り出し中の〝八戸前沖サバ〟が運ばれてきた。目の前でガスバーナーが青い火を噴き、脂の乗った皮の部分を芳《こう》ばしく焦がす。女性スタッフの合図ですかさずレモン汁を滴《したた》らせば〝炙《あぶ》りシメサバ〟が出来上がる。これに合わない酒なんてないだろう。

いつの間にか、僕は旨い料理に「やっしょー、まかしょー」と高らかに発するほど酔っ払っていた。店中の客もスタッフも「しゃんしゃんしゃん」と呼応する。まるでミュージカルみたいなノリと一体感が店内に溢れる。実は、この高揚感の頂点を潮時とするのが僕の酒場哲学。後を引かない酒場の〝切れの良い間合い〟とでも言えようか。カウンター上の壁にサイベントを終えたインを残してお暇《いとま》した。

続く二軒目の店は全国の地酒が揃《そろ》う居酒屋「酒縁《しゅえん》・しょう榮《えい》」。ここでイベントを終えた主催メンバーたちの打ち上げに合流した。屋号に冠された〝酒縁〟の二文字が目を引く。イベントに参加した鈴木《すずき》酒造店は、東日本大震災の後、福島県浪江《なみえ》町から山形県長井市へ移ったが、力強く酒蔵の再建を進めている。蔵の代表銘柄〝磐城《いわき》壽《ことぶき》〟は、福島県二本松《にほんまつ》の地で避難生活を送る浪江町の人たちと酌み交わした酒だ。震災から二年ほど経ったころだろうか。〝磐城壽〟の一升瓶を孫のように抱えて盃に注いでくれた男性の表情が忘れられない。

復活を遂げつつある故郷の酒。浪江町の人々は大いに勇気づけられているに違いない。酒の縁《えにし》は、また魂の縁だと思わされる。しかし、累積した酔いが記憶の大半を消し去ってしまう。酔いの極楽と地獄が走馬灯みたいにぐるぐる回るだけ。ホテルへの道すがら、K君らしき人が携帯写真を見せてくれる。散らかったテーブルの手前に神奈川県から参加した久保田《くぼた》酒造の銘柄〝相模灘《さがみなだ》〟のロゴを貼った一升瓶が写っていた。よく見ると、中身は空っぽ。その後ろには高知県、司牡丹酒造の〝船中八策〟を女将に注ぐハンティング帽の酔っ払いの姿がある。酒場哲学が脆《もろ》くも歪《ゆが》み始める。

夜風がいくぶん正気に導く。天には赤みを帯びた満月が浮かんでいる。

「ストロベリームーンですね」

誰かが呟《つぶや》いたような気がした。

「いやあ、チェリームーンでしょう。山形の月だから」

酔った僕の眼には二粒の月が映っていた。


翌朝、新幹線での帰路。改めて昨日の妊婦さんからのお土産を開いた。瓶詰の商品名は〝あけがらし〟。山形の醤油製造所に江戸期から伝わる珍味で祝言《しゅうげん》の時に食すという。唐辛子、麻の実、米麴《こめこうじ》などを原材料とした芥子糀《こうじ》だ。お腹に未来を宿した女性からのプレゼント。たまらず瓶詰の蓋《ふた》に手をかけて、思いとどまった。山形の純米酒〝六根浄《ろっこんじょう》〟を冷蔵庫に眠らせてあるからだ。そうだ、ぬる燗にして〝あけがらし〟と合わせよう。

ごくっと、生唾《なまつば》を飲み込んだところで、車窓はトンネルの闇に滑り込んだ。

鴉天狗のハッピーアワー

見晴らしの良い峠の茶屋で缶ビールをプシュッと開けて呷る。天の真青《まさお》に雲がゆっくりと形を崩していく。ここは奥高尾ハイキングコースの休憩ポイントだ。小仏城山《こぼとけしろやま》（標高六七〇・三メートル）と呼ばれ、東京都八王子《はちおうじ》市と神奈川県相模原《さがみはら》市の境界に位置する。茶屋へのルートは幾通りかあるが、高尾山山頂からだと五〇～六〇分ほど上り下りすれば辿り着く。富士山が望める神奈川県側と、関東平野へ眺望の開けた東京都側にそれぞれ一軒ずつの茶店が背中合わせで建っている。僕が腰を下ろしたのは、神奈川県側にある城山茶屋の卓席だった。

「この茶屋に来れば、いつかお会いできると思っていました」

居合わせた若いカップルが声をかけてきた。その二人と乾杯したのをきっかけに、新しい乾杯相手が次々とやってくる。目を細めて近づいてくる中年夫妻もいれば、バーベキューを囲む家族ぐるみの一団とも乾杯。隣の卓では、熟年の山男たち五～六人が、冷酒の小瓶とグラスを手元に据えてほろ酔い気分。誘われるまま、僕もお相伴《しょうばん》にあずかった。卓の下には夥《おびただ》しい数のビール瓶が並んでいる。冷酒の前に彼らが飲み干した空き瓶だというから驚く。その中の一人が握手を求めてきた。

「以前、〝山族会〟で一緒に飲みましたよ」

かつて〝山族会〟と名乗る茶屋の常連たちと親交があった。週に一度、彼らはどこからともなく城山茶屋へ集まって酒盛りをする。悪天でもない限り、途絶えることなく続けられていた。年のころなら六十五歳から八十代半ばで、現役の忙しさから解放された人たちが多い。僕は〝山族会〟の酒盛りに遭遇すれば、必ず仲間入りさせてもらっていた。

ある小雨交じりの曇り日。僕も加わった酒盛りで話が弾み、とっておきの純米酒や芋焼酎〝森伊蔵《もりいぞう》〟まで振る舞われ、普段の酒量を上回った。最年長者だったOさんもご機嫌に酔っ払ったあげく、濡れた登山道を下山途中に骨折してしまう。入院したにもかかわらずOさんはタクシーに乗って林道を登り、〝山族会〟の例会に顔を出していたらしい。子供みたいに天真爛漫《てんしんらんまん》なOさんの復帰後、〝山族会〟は元の活気を取り戻したそうだ。しかし残念ながら、僕とは再会の機会を得ることなく他界された。

〝山族会〟にはもう一人、印象深い人物がいた。温厚で口数は少なく、山男たちの話題にさりげなく耳を傾ける。バンダナの下は見事なスキンヘッドだった。見るからに健康そうで例会にも欠かさずに登ってくる。べらんめえ口調こそ使わないが、内に江戸っ子気質《かたぎ》を秘めていた。ただ、何の変哲もない半袖Tシャツの中に〝入れ墨〟が隠れていることを僕は知らなかった。

「遠山《とおやま》の金《きん》さん張りの彫物だとさ。数百万円かけてリニューアルしたらしいね」

偶然、下山道を共にした高尾山の野草に詳しいメンバーが話す。老いれば〝入れ墨〟も色《いろ》褪《あ》せるようだ。

孤独に陥りがちな世代の男たちが山の茶屋で肩を寄せ合う。山も人も恋しいからに違いない。てっきり解散したとばかり思っていた〝山族会〟。世代交代しつつも続いているようで、新しいメンバーとの一献が楽しみだ。

僕はもうすぐ、北アルプス登山を予定している。座ったままの姿勢で過ごす時間が一日の大半を占める我が身。無謀といえる山行《さんこう》計画だろう。もはや同行者を頼みとするほかないが、萎えてしまいそうな決意に、ある少女の存在が〝活〟を入れてくれた。付き合いのあった旅雑誌の編集者の長女で、そろそろ九歳になる小学生の恋春《こはる》ちゃんだ。

「いつかみんなで山登りをしようね」

ひょんないきさつで、恋春ちゃんと約束した。それ以来、父と娘は登山訓練に取り組み、六甲山《ろっこうさん》へ通うようになったという。先だっては、なんと北アルプスの上高地《かみこうち》から横尾《よこお》山荘泊で、標高二六七七メートルの蝶ヶ岳《ちょうがたけ》に登っている。

「易しいコースですが、娘は僕より早く登ります」

父は嬉しそうに言う。穂高岳《ほたかだけ》、大《だい》キレット、槍ヶ岳《やりがたけ》へと連なる特大パノラマ。しかも標高一五〇〇メートルの谷底から三〇〇〇メートルを超す屏風《びょうぶ》状《じょう》の岩稜《がんりょう》まで素晴らしい眺望がある。そんな北アルプスの雄大さを目の当たりにした恋春ちゃんが、僕の出演する映画の上映会に来てくれた。上映館は大阪のテアトル梅田《うめだ》。住まいから散歩がてらに一〇分ほど歩けば着くらしい。典型的な都会育ちだ。

映画は下町酒場の人間模様を題材とした人情もの。どちらかと言えば大人向け。僕の舞台挨拶も〝カンパ〜イ〟のかけ声とともにビールジョッキを傾けながら始まる。だが、観客席に女児がいても違和感はなく、むしろ彼女のハイな気分を微笑《ほほえ》ましく見守るかのようだった。

一夜明けて、恋春ちゃんの家族四人と軽いブランチをとることにした。淀川《よどがわ》区の裏通りにある小さなカフェ。幼子のいる家族との団欒《だんらん》は何十年ぶりだろう。歩き始めたばかりの次女・乙希《いっき》ちゃんはパワフルで奔放。小柄なお母さんを翻弄する。僕も乙希ちゃんに涎《よだれ》まみれの手を差し出されて、思わず怯《ひる》んでしまった。

「後で読んでね」

別れ際、恋春ちゃんが名刺サイズの封筒を手渡してくれる。封筒にはクッキーを持つウサギのシールが貼られており、鉛筆で「To るいさんへ、From こ春より」とあった。新幹線の中で封筒を開けた。手紙のほかに似顔絵が添えてある。四角い眼鏡《めがね》をかけた新じゃが芋のような顔に、黒く塗りつぶした丸帽子の左右からコイル状の縮《ちぢ》れ毛が垂れている。

〝Sweet Bunnies〟のレターヘッドとウサギのイラストが配された便箋《びんせん》に「大すきなるいさんへ。えい画おもしろかったです。サギ（詐欺）は、ダメですよ」と、映画に登場する僕の役柄を叱責《しっせき》してくれる。あとは、飲みすぎ、風呂の蛇口の閉め忘れまで、母親のような気遣いが記してあった。車窓の先に深緑で覆われた天王山《てんのうざん》が望める。ガラスに映った熟年男の眼が潤んでいた。嬉しいのやら、切ないのやら……。

夏には決まって道産子《どさんこ》のT氏から山歩きの誘いがくる。「大雪山系《たいせつざんけい》に登りましょう」とのメールにワイルドな写真が添付してあった。そのうちの一枚は、T氏が仕留めたヒグマに跨《また》がってポーズをつけたものだ。そっくり返されて天を仰ぐヒグマの上半身に白いたすき模様が入っており、血に染まった口は上顎《うわあご》の内部まで見える。高性能のライフルを持つ者の優位と、野生に生きるヒグマの痛々しくも生々しいショットだ。

ちなみにヒグマの体長は二メートルで体重が約二〇〇キロ、推定七～八歳、中型のオスらしい。黄ばんだ牙《きば》と虫歯があることから、ヒグマとしての青年期を過ぎた個体と判断される。山中の送電線沿いに移動するヒグマを二日間追跡して仕留め、仲間四人で山から引き下ろしたという。もともと僕は野生動物への興味が高じて北海道の山歩きにはまった。そんな経緯を知るT氏は、ヒグマやエゾシカの話題を提供してくれる。

今、僕は再び山岳の冷気を呑吐《どんと》しようとしている。旅人が自己の原点に永劫《えいごう》回帰するなら、僕が山岳への執着を断ち切れないのも道理かもしれん。盃へ注がれる酒にふる里の清流を思い描き、小鳥のさえずりが記憶の底から聞こえてきたら出かけようじゃないか。

列車で山国の駅へ着くと、心は登山者モードに切り替わる。バスに乗り換えたあたりから体力への不安を覚え始める。登山口の立て札を過ぎ、五分も経たないうちに昨日の酒量を悔やむ。そして急登《きゅうとう》が続くと、理不尽なやつの顔が次々と浮かんでくる。やがて世の不条理に愛想を尽かす自分に気付く。ここまで登ってくれば安心していい。世俗の垢《あか》も汗と落ち、一足ごとに心の浄化が進む。もう、年配の後続者に追い越されたって気にならない。あとはマイペースののろい歩みをキープ。山の霊気に包まれ、足取りが恐ろしいほど軽くなる。そして雲の中へ。

「おっ！　あれは天狗《てんぐ》じゃないか？」なんて声が下方の登山道から木霊《こだま》してきたら、目指す山小屋は目前にある。山小屋の純朴な主の筋張った手から缶ビールを受け取って、プシュッとやったら結願《けちがん》だ。

実は数時間後、新宿駅発のＪＲ特急あずさ号に乗り、いよいよ北アルプスへ向かう。さらに数ヵ月、山行遊びにチャレンジする。ひょっとすると、僕の愛用品にひょうたん徳利《どっくり》と天狗団扇《うちわ》が加わるかもしれない。

III

浮かれ酒は御神酒で

背徳の美酒

不意に音信不通となった酒友がいた。因縁浅からぬI君が、休暇を兼ねて奥尻島《おくしりとう》へ渡った夏のこと。前夜の酔いを引きずったまま、涼風に誘われて堤防の上でひと眠り。ごろりと寝返りを打った拍子に、勢い余って磯《いそ》へ転落した。辛うじて意識を取り戻したのが、一時間後。波に洗われつつ渾身《こんしん》の力で半身を起こし、発見されるのを待った。七本の肋骨《ろっこつ》と、片方の鎖骨を折り、刺さった骨で肺が損傷して内部に大量出血したという。I君はまず奥尻の病院へ救急搬送され、手術のため、函館《はこだて》、勤務地である札幌へと病院を移っている。

「お酒が原因なだけに、恥ずかしくて報告できなかったんですよ」

後日、彼は照れながら語った。

ところが、I君の教訓も醒《さ》めやらぬうち、今度は僕が熱中症をこじらせて緊急入院した。余裕のない旅程の続くなか、酒飲みに欠かせない水分補給を怠ったのが原因。新潟市内のホテルへチェックインした直後、四〇度の高熱のため救急隊のお世話になった。テレビニュースでは連日〝熱中症〟への注意を呼びかけていたころだ。

どのくらいの時間が経《た》ったのか、運び込まれた病院の個室で目覚めたのは深夜だった。病棟は消灯中。高熱で朦朧《もうろう》とした意識は幻覚を呼ぶ。傍らのガラス窓に死神や亡者の姿が映って見える。その中の一つは点滴を施しに来た看護師さんの影だった。やがて、窓の外が白々と明け始め、あたりはモノクロの世界へと移ろう。テラスの柵《さく》へ止まった一羽の鴉《からす》が目に入った。

ようやく熱が三七度台へ下がったのは、入院から四～五日を経てからだ。病室からの眺望が良く、佐渡《さど》へ渡る連絡フェリーや、小樽《おたる》からの大型連絡船も見える。折しも、新潟まつり花火大会の開催時期と重なっていた。窓から望む遠花火は、いくぶん侘《わび》しくもある。

点滴のチェックに来た看護師さんの一人が言う。

「早くおうちに帰りたいでしょう」

僕は、曖昧《あいまい》に頷《うなず》いた。「旅に病んで」しまった入院生活を多少なりとも楽しんでいたからだ。見舞の来客は心底嬉《うれ》しい。新潟でのアクシデントを知った仲間たちが集ってくれた。手土産《てみやげ》にはノンアルコールの缶もある。新潟在住の夫婦が差し入れてくれたおぼろ豆腐を肴《さかな》に「カンパ～イ」とやった。ちょうどそのタイミングで、担当の女医先生がお出ましになられ、僕らを見て仰天。顔をひきつらせた。

「これ、全部ノンアルコールですから」

慌てて誰かが、缶の表示を指して説明する。みんなの緊張もゆるんで、病室が笑いに包まれた。一緒になって吹き出したら、腹部に鈍痛を覚えた。入院当初、激しく咳《せ》き込んでいたらしく、その後遺症のようだ。僕には、たとえ風邪《かぜ》の咳でも運動に代えてしまおうとする癖があった。尾崎放哉《おざきほうさい》の自由律俳句「咳をしても一人」をもじって一句。「咳をしても〝腹筋〟」。ま、笑いは良薬としよう。

にこやかな表情のI君もいた。身体はほぼ快復したようだが、心の痛手は残らなかっただろうか。

「トラウマは、心へ秘めて癒《いや》しましょう」

I君の眼差《まなざ》しが、そう物語る。互いに三途《さんず》の川を覗《のぞ》き見た者同士、余分な会話は必要なかった。

結局、一〇日間の入院を余儀なくされ、東京へ戻った。あとは滞った仕事に取り組むほかない。友が来て、快気祝いと称する酒盛りとなるまで、断酒は二週間ほど続いた。病院食の薄味に慣れた味覚は繊細。酸味に過敏となった舌は、特定の酒以外を受け付けない。その夜、変化した自分の味覚に判然としない思いが募って、なかなか寝つけずにいた。

起き出して、酒の並んだ棚から新しい小包を選んで開封した。消印は高知、土佐に一軒しかない焼酎《しょうちゅう》専門蔵の芋焼酎だった。黒いラベルに銘柄名「土佐藩」とある。ポンと栓を抜いて鼻を近づけると、懐かしい匂《にお》いがツンと立ち上る。生《き》でぐびりと呷《あお》った。

「いける」

そう呟《つぶや》くと同時に、郷里で親しんだ芋焼酎造りの原風景が蘇《よみがえ》ってきた。

郷里は山深い仁淀川《によどがわ》中流域にあった。仁淀川は愛媛県の石鎚山系《いしづちさんけい》を源とし、標高一〇〇〇～一八〇〇メートル前後の四国山地を縫って土佐湾へ注ぐ。山間《やまあい》に点在する農家の構造はどれも似ていた。土間に盛り土をして設《しつら》えたカマドの大釜《おおがま》で、和紙の原材料となる低木のコウゾ（楮）やミツマタ（三椏）を蒸す。天井の梁《はり》から吊《つ》るされた木桶《きおけ》が、大釜を塞《ふさ》ぐ蒸し器となる。もうもうと上る湯気、めらめら燃え盛るカマドの薪火《まきび》。昭和三十年代、それは土佐和紙で知られる四国山地の郷里に、初冬を告げる風物詩だった。

木桶を使った蒸し器は、焼酎造りに使う蒸溜桶《じょうりゅう》と似ている。というより、村人の一部はそのまま芋焼酎造りに転用していた。大釜にはコウゾの代わりに芋の醪《もろみ》を入れて加熱。蒸し桶に差し込んだ金属製のパイプで蒸気を取り出せば、冷えて液化する。できた透明の液はぽたりぽたりと水時計のように滴《したた》り落ち、一升瓶を満たす。これで、上等な芋焼酎の原酒が誕生する。

原酒はもちろん密造酒。けれども、村人たちに罪悪感などない。蒸溜する量は少なく、販売目的もない。せいぜい顔見知りの間で振る舞い酒として飲み干されるに過ぎないからだろう。

密造に対する取り締まりもあったらしい。ある日、村外れの尾根筋に制服を着た税務署員の姿が見え隠れする。気付いた村人の一人が、火の見櫓《やぐら》へ素早く上って半鐘を打ち鳴らす。

「税務署が来たぞ〜」

けたたましい半鐘音と叫び声が、山間に木霊《こだま》する。異変を知った野良仕事中の村人は、一目散に我が家へ取って返し、蒸溜用器具を隠す。あらかじめ家の近くの畑に穴が掘ってあり、そこへ器具を投げ込めばセーフ。隠し穴を覆う筵《むしろ》も備えていたという。たとえ隠し場所が税務署員に見え見えでも、厳しく追及されることはない。当時、金目当てで悪質な都市部の密造酒に比べて、僻地《へきち》の農家で造られていた密造酒への取り締まりは少々緩かったようだ。まして婚姻の酒宴が二昼夜以上続くこともある土佐の農村。ささやかな密造酒の恩恵が必要だったのかもしれない。

村には神祭《じんさい》と呼ぶ氏神様のお祭りがあった。たとえ一〇戸ほどの村落でも必ず神道系の社が建っており、それぞれに祭り日も異なっていた。神祭に当たる村の小学生は休校日となる。神祭の続く時期は、集落全体に享楽的な雰囲気が漂う。氏子《うじこ》たちが集う祭りのメインは酒盛り。無礼講だから、と小学生が酒を口にすることもあった。小学校で担任の女性教師が点呼を取った時のことだ。登校するはずの男子が一人いない。

「T君のところの神祭は、昨日だったよね」

すると、同じ村の女の子が手を挙げて立ち上がった。

「先生、T君は昨日、道端で吐いちょりました」

二日酔いだった。都会育ちの先生は、女の子の報告に困惑した表情で視線を落とした。のどかな農村風景を想像するかもしれない。反面、気性の荒い気質も郷里の特徴だった。

親の財布から小遣いを黙って拝借した児童がいた。僕らの授業中、児童の父親が来て我が子を廊下へ引きずり出した。教室の戸は閉められていても、凄《すさ》まじい鉄拳制裁の音が響く。女先生は児童の父親を制する術《すべ》がなく、オロオロするばかり。僕らは、沈黙して手荒な躾《しつけ》が終わるのをじっと待った。体罰を受ける児童も、声一つ上げない。

また、奇妙な親子喧嘩《げんか》の話も伝え聞く。父と息子が酔って口論の末、刃傷沙汰《にんじょうざた》に及んだ。鎌《かま》を持ち出した年若い息子が、父親に新品の鎌を譲り、自分はハンデとして錆《さ》びた鎌で切り合った。

「まっこと、孝行息子じゃないがやろうか」

村人の噂話《うわさばなし》はどこまで本気だろうか。物騒な諍《いさか》いが美談めいて伝わるから、おかしい。

「造りよった酒が悪かったんじゃろうよ」なんて尾ひれまで付く。

密造酒の意味など知らなかった少年時代。急峻《きゅうしゅん》な山襞《やまひだ》に貼《は》り付いた集落は、ペルーのマチュピチュ遺跡に喩《たと》えられる。山腹を黄色いミツマタの花が彩る春。夏は、果汁の弾ける青《あお》梨《なし》をかじり、桑の実も頬張《ほおば》った。そして、土間のカマドの炎に照らされた母親の横顔。村に伝わる昔話をしてくれる。大部分は母親の創作だったが、僕の記憶へ民話の種を蒔《ま》いた。あの時の大釜の中、コウゾかミツマタ、はたまた芋の醪だったかは思い出せない。

桃源郷と混沌《こんとん》たる地域社会が混在していた昭和三十年代。久々の芋焼酎の酔いが、僕に鮮やかな故郷の幻影を見せた。

東京下町パラダイス

皇居を起点に、永代《えいたい》通りが東へと延びている。真東よりはやや南東、江戸風に言うなら辰《たつ》巳《み》の方角となる。この橋の向こうが江東《こうとう》区だ。富岡八幡宮《とみおかはちまんぐう》の門前町とあって、毎年八月に「深川《ふかがわ》八幡祭り」と呼ぶ例祭が華々しく催される。祭りの熱狂は、魂のアイデンティティーの確認との説もある。漂着するかに移り住んだ人々が大半を占める門前仲町《もんぜんなかちょう》、祭りへのこだわりだって尋常じゃあない。僕も、ここで初めて肩へ食い込む神輿《みこし》の〝担ぎ棒〟の凄まじさを知った。

江戸時代の下町は、威勢のいい江戸っ子の闊歩《かっぽ》する神田《かんだ》、日本橋《にほんばし》が中心だった。近年の下町エリアは、隅田川《すみだがわ》の東岸に位置する江東区から広がっていった。また、江東区の西エリアは、おおざっぱに深川界隈《かいわい》と称される。これは、湿地帯の多かったこの地域を徳川家康《とくがわいえやす》の命で開拓したと伝わる深川八郎右衛門《はちろうえもん》にちなむ。こうした基本的な深川の知識がなかったら、地元のご隠居たちと盃《さかずき》を交わせない雰囲気もあった。

街並みが整備されるにつれて下町特有の泥臭さは、ほぼ消えつつある。ぐつぐつと湯気を立てていたモツの煮込み鍋《なべ》がガラス張りの厨房《ちゅうぼう》に納まり、串焼《くしや》き台のもうもうたる油煙《ゆえん》も新築となったビルのダクトに吸収される。行きつけだった老舗《しにせ》の牛スジ煮込み屋は、入り口の引き戸に休業告知を貼り出して久しい。もっとも、下町の街並みは刻々と変貌《へんぼう》することを運命づけられていた。昭和二十（一九四五）年三月十日の「東京（下町）大空襲」に象徴される〝焦土跡〟から復興した街だ。焼け野原に建ち並ぶバラックが、深川界隈の原風景だった。

「あの空襲で、親の遺骨はおろか、死んだ場所さえ分かんないままだよ。そんな人、大勢いたよ」

そう語った老主《ろうあるじ》の串焼き店は、中年女性の賄《まかな》う小綺麗《こぎれい》な小料理屋に様変わりしていた。

かつて、戦後の復興事業を担う労働力としての人口の流入は、江東区をはじめとする城東地域へ集中した。いわゆる高度経済成長の続いた一九五五〜七三年ごろで、大衆酒場の多くがこの時期に創業した。下町の大衆酒場は、出稼ぎや集団就職の労働者たちのニーズに応えた高度経済成長の産物。この好景気は二〇年近く続いた後、終息する。花の盛り場だった浅草《あさ》草《くさ》の賑《にぎ》わいも、潮が引くように消えたという。

「初めて〝大衆酒場〟って看板文字を見たのは、浅草だねえ」

江東区の南砂町《みなみすなまち》にある大衆酒場「山城屋《やましろや》酒場」のご隠居から伺った。ご隠居は、戦後に浅草から移り住んで開業しており、混乱期を知る貴重な証言だった。

僕が門前仲町にどっぷりと浸っていた一九九〇年代の半ばは、バブル経済の崩壊した後だった。そのせいか、客単価の安い立ち飲み屋が見直され始めていた。僕も〝立ち飲み屋のカウンターから見る世相〟なんてテーマで執筆依頼を受けていた。立ち飲み屋で夕食をとるのが常だったこともあって、おのずと酒場ウォッチングを兼ねるようになっていたからだ。

「うちの彼氏、破産しちゃったの。わたし、田舎《いなか》へ帰るわ」

時折カウンターで隣り合う女性客だったが、言葉どおり二度と姿を見せなかった。相前後して、あるベンチャー企業の社長が突如音信不通となった。彼は常連客の一員に加わったばかりだった。一ヵ月ほど経って消息が分かったものの、当人はこの世を去っていた。経営破《は》綻《たん》、借金、倒産、死と、情報の断片だけが残った。バブル経済崩壊のショックは、想像以上に悲惨だった。

立ち飲み屋の近くに教会みたいな内装のバーがあった。スポットライトを浴びたモノクロの男性ヌード写真や装飾品の小物は、おおむねゲイを象徴している。店主はユーちゃんと呼ばれ、ドスの利いたしゃがれ声で女言葉を使う。それでも〝優しくて上品な人柄〟と評判がいい。四月四日は、桃の節句と端午の節句の真ん中に当たる「オカマの日」。ユーちゃんは、辰巳芸者に扮《ふん》して飲み屋街を練り歩く。僕が飲んでいた立ち飲み屋へも、カツラの載った大きな顔を覗かせた。半開きのドアに挟まれた格好で礼儀正しく挨拶《あいさつ》し、そのまま立ち去ろうとした時、客の誰かが声をかけた。

「ユーちゃん、お捻《ひね》りでも渡そうか」

「オカマいなく」

ユーちゃんは、さらりとかわして次へ向かった。ところが後日、ユーちゃんにちょいとしたトラブルが持ち上がった。嫉妬《しっと》深い若いボーイフレンドとコンビニの前で痴話喧嘩を始めたらしい。そこへ深川育ちで神輿一筋の女性が通りかかった。ユーちゃんの店の常連だったよしみで、仲裁に入ろうとした。が、時すでに遅し。若いボーイフレンドはユーちゃんを罵《ののし》ったあげく、大声でわめいた。

「みなさーん、コイツはオカマなんですよー。だから信用しないでね〜」

居合わせた買い物客たちは唖然《あぜん》。くすっと笑いが洩《も》れた。深川女性も若い男にあてつけて一言呟いた。しかも、大阪弁。

「おまえは、ナンやねん」

ユーちゃんと若いボーイフレンド、縒《よ》りは戻ったのだろうか。

門前仲町と木場《きば》の境界付近にある酒場「河本《かわもと》」へは、休業中との噂を知りつつも自ずと足が向く。猫好きで酒飲みの大先輩、森下賢一《もりしたけんいち》さんとの縁を深めた場所だった。老女将《おかみ》が焼酎のホッピー割りを飲ませてくれる。古びた低いカウンターに腰を下ろし、ほろ酔うことと一句捻る喜びを分かち合えた。その森下さんの眠る棺《ひつぎ》を霊柩車《れいきゅうしゃ》へ運んだのは二〇一三年の十一月末のことだった。木場の裏路地に、一枚残った柿紅葉《かきもみじ》の散る様を思う。

先日木場を訪れた時も、やはり「河本」の色褪《いろあ》せた暖簾《のれん》はかけられていない。だが、くすんだガラス戸の奥に、幾つかの人影が垣間見《かいまみ》える。閉店を惜しむ常連が、店主に頼み込んで飲ませてもらっているのだろうか。僕はそっと通り過ぎた。

相変わらず門前仲町を代表する大型の大衆酒場「魚三《うおさん》」は健在。オープン前ともなれば、永代通りの歩道に客たちの行列ができる。客の多さは、単に安くてボリュームがあるからというだけじゃあない。一階の入り組んだ幅の狭いカウンター席が目当てで客が集中する。隣の客と袖《そで》擦り合う距離というより、密着しかねないほど近い。町工場の労働者、地方から来る出張族、公務員、大学教授などなど、客層は途方もなく広い。みな等し並だから肩書は脱ぎ捨てるほかない。人の善意も悪意も頭をもたげる余地はなく、貧富、貴賤《きせん》の別もない。混沌と平等を同時に強制される。これにストレスを感じた客が呟く。

「二度と来るもんか」

反対に、満足した客は異口同音に言う。

「素の自分に戻れる」

深川不動堂の参道脇《わき》の酒屋「折原《おりはら》商店」で立ち飲むのも悪くない。無論、酒の銘柄は豊富。意外な酒とも出会う。奥能登《のと》「数馬《かずま》酒造」の〝竹葉《ちくは》〟なんてあれば、鶏皮のポン酢か干しホタルイカをツマミにして升酒を呷りたい。金沢でしこたま飲んだ翌朝、奥能登まで出かけて若き蔵元と飲み交わした爽快《そうかい》な迎え酒が〝竹葉〟だった。

美人姉妹が賄いを手伝っていることで評判になった店が「だるま」だ。店内の佇《たたず》まいは昔のままだが、カウンター内の煮込み鍋の脇に立つ主は変わった。今は、長女のアヤさんが女将を務める。エアロビクスでスリムな体形を維持しているという。

「だるま」と目と鼻の先に「辰巳新道」と呼ばれる飲み屋横丁がある。戦後闇市《やみいち》の残り香《が》が漂い、昭和の飲兵衛横丁が再現された映画セットと見紛《みまが》う。中ほどに小料理屋「いずみ」の看板を見つけた。コロコロとふくよかなママは、昭和歌謡曲を熱唱する。極めつきは、映画「座頭市《ざとういち》」のテーマ曲。蠟燭《ろうそく》を灯《とも》し、杖《つえ》代わりの菜箸《さいばし》でカウンターを突き鳴らしてセリフを吐く。

「ああ、嫌な渡世だなア……」

あの名物ママは、きっと引退しているだろうと思っていた。いやいや、それは僕の早合点。左右に体を揺らしながら歩く後ろ姿に見覚えがある。目立つ白髪には、金色の染め色が残っていた。

僕は横丁の奥へ消え入ろうとするママを黙って見送った。あの鬼気迫る「座頭市」の演技、興が乗れば披露してくれるかもしれない。でも、リクエストするのは僕じゃあないだろう。再生を続ける下町には、新しい驚きを求める若者たちがふさわしいからだ。

赤ワインに揺れるガジュマルの樹

かつて酒友だった男の消息を知らせる便りが届いた。音信不通となって久しいY君の暮らしぶりが記されてある。懐かしく思って、ベランダのガジュマルに目をやった。僕の転居祝いに〝幸せを運ぶ樹《き》〟としてプレゼントしてくれたY君の置き土産だ。せいぜい一四〜一五センチの小さな鉢植えだった。しばらく経って大きな鉢に移したものの、一葉も残さず散った。枯れたものと諦めて放置していたら、常緑樹の常識を破って小ぶりの葉を芽吹かせて再生。新しい環境に適応した。今は、一メートルを優に超す。

フランスからスペインへ入った国境のポルトボウ駅で若い日本人に声をかけられたのが奇

縁の始め。

「日本の方ですか？」

スペインなら行き先はどこでもいいから、同行させてほしいと頼まれた。Y君はアメリカの大学に留学中、夏休みを利用してのヨーロッパ旅行だった。北欧へ着いて最初の一週間で現金もろとも学生IDまで騙《だま》し取られ、意気消沈したまま旅を続けていた。よほど疲れ果てていたのだろう、やってきたばかりのアジア系難民と見紛うほどだった。

バルセロナのホテルでの何泊かを、Y君は休息日に充てた。その甲斐《かい》あって、マドリードへ着いてからは溌剌《はつらつ》としている。石畳の通りを挟んだホテルの向かいに、見覚えのある日本語表記の看板を見つけた。「どん底」。新宿三丁目に本店のある酒場の系列店だ。快気祝いに軽く盃を交わすつもりで立ち寄った。ところが、Y君は食事の前に何やらぶつぶつと呟いてからフォークを手にする。

「クリスチャンなんです。酒は飲んだことがありません」

明るい笑顔で応じた。上背はないものの、胸板が分厚い。スポーツジムでは六〇キログラムのバーベルを使ってベンチプレスに励んだと話す。

ある晩、フラメンコの上級ダンサーが出演するタブラオ風のいくぶん高級なレストランへ誘った。店にドレスコードはないものの、なるべく見栄えのする服装で出かけるように勧めた。

「これが一番値段の高いシャツです」

ホテルから出る前、淡い水色のポロシャツに着替えたY君は厚い胸を張った。確かにクマ印の付いたブランド品。清潔だが、妙にしまりがない。それでも僕の持参していたグレーのネクタイを結ばせたら、なんとか格好がついた。

レストランでは、ステージからほどよく離れた位置のテーブルを頼み、食前酒には赤ワインをオーダーした。ほろ酔って観賞すれば、フラメンコはより刺激的となる。

「赤ワインはキリストの血じゃあないか」

冗談半分にボトルを持ち上げて注ぐふりをした。すると、こくりと頷いてワイングラスに手を添える。少量を注いだらゴクリと飲んで「旨《うま》いですね」と顔を上げた。またゴクリとやって「旨いです」を繰り返す。あっという間に一本のワインを二人で飲み干した。Y君は、にこやかに飲み続ける。

「体質的には合うかもしれません。親父は毎晩酒に溺《おぼ》れていますから」

奇妙な展開に、二人して大笑いした。ボトルの追加は言うまでもない。どうやら飲兵衛の父親が反面教師となっていたに過ぎず、飲酒に対する封印は呆気《あっけ》なく解けた。

フロアは暗くなり、ステージが照らされてフラメンコが始まった。若い踊り子にスポットライトが当たる。踊り子のしなやかな指先は、カスタネットを流れ打つ。弾くギターと手拍子、祈りに似た男の太い歌声が交錯する。踊り子の情念のうねりとともに動きが激しさを増し、切れのいいポーズの決まるフラメンコ独特の最初の見せ場。

と、そのタイミングに最前列の客が中腰となってシャッターを切り続けた。これには踊り子の集中力も乱される。明らかに場の空気を読めない無粋な観光客。見れば、強張《こわば》った表情の日本人青年だった。踊り子はその青年を睨《にら》み据えて動きを止め、〝ダン〟と怒りのこもったステップを踏みつける。次の瞬間、ぷいっと背を向けて引っ込んだ。舞い上がった床埃《ゆかぼこり》が最前列のテーブル席へ漂う。周囲から冷ややかな視線を浴びた日本人青年とその連れの客は、背を屈《かが》めてすごすごと退散した。

踊り子は二番手、三番手のベテランを迎え、僕らの赤ワインも進む。すっかりフラメンコに酔い痴《し》れていると、けた外れに高らかな拍手が打ち鳴らされている。きっと舞踊団員の手拍子の音がスピーカーで増幅されているに違いない。

「この拍手、ぼくの特技なんです」

なんと、したり顔でニヤついている。Y君の仕業だ。鼓膜が破れんばかりの拍手音は、彼の丸っこいカスタネット状の手が発していた。拍手の破裂音に驚いた他の客たちも怪訝《けげん》な顔つきであたりを見回し始めた。どうやらY君は、イエスの赤いパッションを過剰に摂取した模様。周りからのひんしゅくを買わないうちに店を出た。

結局、このマドリードでの出会いがきっかけとなって、敬虔《けいけん》な信仰心に基づくY君の〝戒め〟は解き放たれていくこととなる。再会したのは一年後。ひょっこりと都内にある僕のアトリエを訪ねてきた。

「類さんは、命の恩人ですから」

Y君はアメリカでの学生生活を終え、家業を継ぐために帰国していた。やがて、〝修行〟と称して僕の仕事場での飲み会や、仲間内の山歩きに参加するまでとなった。けれども、Y君はビジネスには全く不向きな夢想家。ただ、当の本人にその自覚がない。

「〝奇跡〟を見に行きましょう。夕方の飛行機とホテルは押さえました」

いきなり羽田《はねだ》から連絡が入った。〝恩人〟をねぎらいたいのだろう。Y君の言う〝奇跡〟の内容は、容易に想像がつく。時は一九八〇年代。世界が超能力ブームに沸いていた。極細のピアノ線か何かを使った手品のことに違いない。

「ついでに長崎か佐世保《させぼ》の屋台で一杯やりましょうよ」

嬉々《きき》として言い足した。長崎空港に降り立って、奇跡の起こるところへ向かった。案の定、それは仕掛けだらけの手品を楽しむ謎《なぞ》の飲食店。超能力ブームに詳しかった編集者から聞かされていたのと同じ店だった。だが、Y君は奇跡を目撃したとばかりに涙目で感激する。その顔を間近にすれば、マグマみたいなおかしさが込み上げてくる。だからとて事実を告げて失望させるのも忍びない。店を出てから、手品グッズ専門店がある都内の場所を教えるにとどめた。

そのころ、食前に祈るY君の習慣は見られなくなっていた。なぜなら、最近知り合ったガールフレンドの信仰を優先させたからだ。そして、Y君と会った最後の日、心底嬉しそうな口調で愛する女性について語り始めた。何気なく、彼女の宗旨を訊《たず》ねると、

「インドの神秘思想を研究してます」

言い終えるや否や、二人して噴き出した。彼女から今度は〝ヨガ〟を学んでいるそうだ。もう互いに阿呆《あほ》らしくて笑止千万。かつて「最大の関心事が女性」と語っていたのは本当だったのだ。井原西鶴《いはらさいかく》の『好色一代男』に登場する世之介《よのすけ》ばりに、女だけが住む南方の島〝女《にょ》

護島《ごのしま》〟こそパラダイスと考えていた。つまり、Y君は、女体を前にすれば思想信条上の節操などない。強いて言えば、女体至上主義だろうか。たびたび足を運んだ沖縄のプライベートビーチへの愛着も頷ける。

楽天家で天真爛漫《てんしんらんまん》を貫く人生。同族会社の二世、三世ならではの為体《ていたらく》と陰口を叩《たた》く人は多いかもしれない。しかし、Y君の将来を危ぶむ必要はない。今では自分が根っからの夢想家だと気付いており、人の上に立つ〝器〟でないことも自覚している。儚《はかな》いバブルの上で、束《つか》の間《ま》の享楽に浸っていただけのこと。いつ、夢が弾けようとも頓着《とんちゃく》しなかった。そんな潔《いさぎよ》い人生を過ごしていた。

赤ん坊のように無防備な側面を持ちながら、したたかに生き抜くY君。新環境に適応したガジュマルの生命力と相通じる。たとえ〝窓際〟に追いやられようとも、どこ吹く風の涼しげな顔が浮かぶ。不平を述べず、他者を圧することもなく生き、ひたすら雲の彼方《かなた》の理想郷へ夢を馳《は》せている愛すべきドリーマーのように思える。

時期遅れの台風が、立て続けに過ぎた後の我が家のベランダ。ガジュマルの密集した小ぶりの葉が、ひときわ眩《まぶ》しく照り返していた。

浮かれ酒は御神酒で

伏見《ふしみ》の酒蔵から誘っていただいて、京都の西京区《にしきょう》にある松尾《まつのお》大社へ向かっていた。四条通から桂川《かつらがわ》を渡ればすぐのところだ。通称〝松尾さん〟と呼ばれ、醸造の祖神を祀《まつ》る京都最古の神社とされている。桂川に架かる松尾橋から数百メートル手前でM君が言う。

「あれ、こんなところにも別の酒の神様の看板がありまっせ」

数年来、彼は僕が京都に滞在する時のサポートをしてくれている。親しい音楽プロデューサーから紹介された人物だ。案内役に徹する時は一滴の酒も飲まない。運転の技が巧みで、狭い小路を頑丈な黒の旧型ベンツ車で自在に駆る。京都の裏事情に詳しく、夥《おびただ》しい人脈を持つ。店の土間にアオダイショウの迷い込むお好み焼き屋や、室町時代から続く老舗蕎麦屋《そばや》へも彼が案内してくれた。ちなみに蕎麦屋の美しい十六代目女将はM君の知人だ。そんな反面、彼は観光客が興味を持ちそうな常識的な知識に乏しい。どこか得体の知れない四十路《よそじ》男ながら、妙に気が合う。

M君の見つけた看板には梅宮《うめのみや》大社と記され、酒造りの守護神とされる酒解神《さけとけのかみ》が祀られていた。〝酒解〟とは酒の醸造を意味するに違いない。全国にある酒蔵の多くは神棚が設けられており、たいてい松尾大社を祭神とする。そのご近所に、梅宮大社はやはり酒の神様として鎮座する。不思議に思いつつ、〝松尾さん〟の鳥居を潜《くぐ》った。

「お久しぶりです」

玉砂利《たまじゃり》の境内《けいだい》に、しゃんと立つ女性が出迎えてくれた。笑顔がふっくらと炊き上ったお米のように福々しい。はて、誰だったかと躊躇《ちゅうちょ》しながらお辞儀を返す僕に、M君が小声で口添えする。

「以前一緒に飲んだ〝日本酒ガール〟を名乗ってはるすみれさんですがな」

確かに覚えがある。白磁のお神酒徳利《みきどっくり》を捧《ささ》げた巫女《みこ》装束《しょうぞく》のイメージと、彼女の姿が重なってきた。

「わたし、松尾大社の巫女をやっていました」

僕の曖昧な記憶と妄想が、一挙に晴れた。境内に長方形の神輿庫《しんよこ》が建っており、その縁側は整然と積み重ねられた酒樽《さかだる》で埋め尽くされている。それぞれの酒樽に記された色とりどりの銘柄名。全国から集う八百万《やおよろず》の神々を彷彿《ほうふつ》とさせる。

「ところで、あの梅宮大社も酒の神様なんですか」

二人してすみれさんに訊ねた。

「はい、あの大社も由緒のあるお酒の神様を祀っておられます」

さらりと応じた。お酒の神様が幾つあってもかまわないというのは、もっともな答えかもしれない。万物に神々が宿るとする日本古来の神道的な考え方は、一種の精霊崇拝だろう。森羅万象を尊ぶから、神々も共存することになる。

松尾大社には、昭和期の作庭家・重森三玲《しげもりみれい》氏のデザインによる庭園が三ヵ所ある。徳島県吉野川《よしのがわ》産の〝青石《あおいし》〟が大胆に配置されていた。この奇抜な造園、見る人にいかに評価されるだろう。境内を流れる小川に沿ってヤマブキが植えられている。花の咲く季節（四月から五月初め）は社殿からの眺めが華やぐという。すみれさんのオススメだ。

「ちょっと見んうちに、べっぴんさんになったなあ」

宮司長らしき男性が声をかけて通り過ぎた。境内のあちこちに、神様の乗物とされる亀《かめ》と鯉《こい》の石像が点在する。亀の背でゆっくりと進み、急がば鯉に乗る。神様の奔放な発想を象徴しているらしい。

また、裏山から流れ落ちる〝霊亀《れいき》の滝〟に近づけば冷風が吹き下ろし、〝亀の井〟なる霊水が湧《わ》く。その霊水を酒造りの仕込み水に混ぜれば旨酒となる。この〝亀の井〟の傍らに、〝うま酒〟を詠んだ句碑があった。

松尾大社、なんとも遊び心満載ではないか。

夜は、新京極通《しんきょうごくどおり》にある昭和二（一九二七）年創業の大衆食堂酒場「京極スタンド」で打ち上げの酒盛り。昭和レトロの佇まいがブームとなった昨今、全国から旅行客の訪れる人気店となった。和・洋・中の揃《そろ》うメニューとともに大正、昭和の趣《おもむき》を残す。食堂とはいえ、京都伏見の銘酒に酔える。

「関東大震災で焼け出された浅草から、この地に移ってきたんです」

三代目店主が堰《せき》を切ったように語る。創業当時、食べ物は全て一〇銭均一の値段で提供。これが京都人に受けた。

「うちは、至って敷居の低い店なんですよ」

京都はどこも敷居が高いわけではない、と言いたかったのだろう。店主の両親の出身地はそれぞれ名古屋、北海道と伺った気がする。昼酒を楽しむおじさんもいれば、一人客の女性も少なくない。僕たちのお邪魔した夕方は混雑のピーク時。三〇センチほどの幅しかない大理石の長いカウンターへ腰を下ろした。飲み進むも、居合わせた客たちと、入れ代わり立ち代わり乾杯の連続。忙《せわ》しないが、ここは腹をくくって愉《たの》しむほかない。ただ、明朝早々に予定されている酒蔵でのラジオ収録が、いくぶん気がかりだった。

「明日、また伏見の酒蔵でご一緒いたしましょう」

すみれさんも、親しい女子アナウンサーも引き際を心得ている。同じようなセリフを残して幾人かの女性たちは消えた。こんな時、暇乞《いとまご》いのチャンスを逸して深酒となることが多々ある。ただ、ここでは頼もしい助っ人がいる。もし、飲み果てたとしても、僕はM君の腕を杖代わりに摑《つか》みさえすればいい。京都の夜は、他力本願でよれよれとホテルへ帰還するのが僕の常らしい。

翌朝、携帯の着信音で目覚めた。

「昨日はご機嫌で戻られましたよ。フロントで待ってます」

M君の口ぶりから察すると、僕はまずまずの飲みっぷりだったに違いない。

それにしても、ここのところ酒がらみの旅が続く。ふと、指折り数えた。北の旅から東京へ舞い戻ったのも束の間、一昨日までは奈良県に四日間いた。奈良の最終日は、桜井《さくらい》市の三輪山《みわやま》の麓《ふもと》にある大神《おおみわ》神社へお邪魔した。日本最古の神社とされ、本殿はなく三輪山の全体が聖域で御神体となっている。境内の中央に三輪山を拝む拝殿がある。その拝殿正面には巨大な杉玉が吊り下げられており、酒蔵で見かける杉玉のルーツと言われている。

それもそのはず、大神神社は酒造り杜氏《とうじ》の始祖高橋活日命《たかはしいくひのみこと》を祀る。三輪山の枕詞《まくらことば》も〝味酒《うまさけ》〟だ。白蛇や、三輪山に咲くササユリもご神体の一つとして大切にされている。境内の御手洗場所の横を流れ下る水路で、運が良ければ白蛇様の姿を拝めるかもしれない。

「ササユリが危ないんですわ。イノシシに荒らされるし、盗掘被害もあります」

神職の一人が嘆く。小学生のころ裏山の崖《がけ》に咲く一株のササユリを見つけた。確かめるつもりで崖を攀《よ》じ登ったものの、身動きがとれず危うく滑落しかけたことを思い出す。大きくて色の濃いオニユリばかりが杣道《そまみち》を埋める土地柄。子供心に魅了された花だった。以前にも、大神神社を何度か訪れたことがある。ササユリを間近に見ることは叶《かな》わなかったが、妖精のような巫女たちと参道で出会った。その時、いくつかの俳句を詠んだ。どれも少年時代のロマンと重なってしまう。

「参道にささゆり匂ふ巫女過ぎて」

参拝の後、神職から薦めていただいた焼き鳥屋を、西日の眩しい三輪の町中に探し当てた。店では濃厚なタレ味の焼き鳥を頬張り、辛口の地酒「みむろ杉」にほろ酔うた。締めは、職人が手打ちしたばかりの三輪そうめん。繊細で色白かつしなやかなコシ、ちゅりゅりゅんと喉《のど》を越す。

そして、高速道路で京都のホテルへ向から車中。M君から連絡が入った。だが、飲食満ち足りて眠い。仮に誘われても、今日のところは断ろう。

「Mです。赤垣屋《あかがきや》で飲んだ時に約束したとおり、上七軒《かみしちけん》で待ってまっせ〜」

いや、やはり体力的に無理が生じては困る。

「置屋の例の若主人が舞妓《まいこ》はんと一緒に……」

「ホテルへ迎えに来てや〜。すぐ行くから〜」

もう、僕の魂は上七軒の御座敷へ飛んでいた。

青い森の迷宮

弘前城《ひろさき》は土台となる石垣の大規模な修繕工事の真っ最中だった。平地へ据え置かれた天守閣は、借り物のようで所在ない。そんな城内の北門を出たところに、津軽《つがる》藩主とゆかりの商家、石場《いしば》家住宅がある。江戸中期の伝統的建造物の一つで、国の重要文化財に指定されている。

中へ入ると土間部分に地酒の販売コーナーがあった。「じょっぱり」「白神《しらかみ》」「龍飛《たっぴ》」「津軽じょんから」など、当地ならではの銘柄が目を引く。土間の奥は、そのまま母屋《おもや》の伽藍《がらん》のような住居空間へつながる。板の間に切られた囲炉裏《いろり》は今も現役だ。太い梁がむき出しになった天井は、雪の重みに耐えうる重厚な構造。黒々と燻《いぶ》されて荘厳さを宿す。

「この造りですから、冬は寒いですよ」

居合わせた十八代目当主の奥方が、落ち着いた口調で話しかけてくれた。釣瓶《つるべ》の下がる井戸や炊事場まで見渡せる明け透けな間取り、冬期の厳しさも想像がつく。二十数年前、司馬《しば》遼太郎《りょうたろう》が取材で訪れた当時の映像に、囲炉裏端でイワナを串焼きにする奥方の姿もあった。地味な藍染《あいぞめ》の割烹着《かっぽうぎ》を着けていたが、どこか垢抜《あかぬ》けして映っていた。

「もう、二〇年以上も前のことですから」

奥方のおっとりした口調は変わらない。二〇年以上前と言えば、津軽の西南に広がる白神山地がユネスコ世界自然遺産の登録となった一九九三年前後のころ。僕もイワナ釣り目的で白神山地へは何度か入山している。蕗《ふき》の生い茂る渓流沿いのそこここでツキノワグマの食《は》み跡を発見できた。そんなツキノワグマの子孫のものだろうか、小ぶりな囲炉裏の切ってある奥の座敷に、哀れな毛皮が腹這《はらば》う格好で敷いてある。箱型行燈《あんどん》の明かりと真っ直ぐに垂れた自在鉤《じざいかぎ》、これら調度の品々が伝統的和風建築の美しさを演出していた。

一方弘前には、明治、大正期の洋風建造物も大切に保存されている。代表的な洋風建築はルネッサンス調の青森銀行記念館だろう。外観は薄い水色で、もと国立銀行というよりお洒《しゃ》落《れ》な図書館のイメージ。太宰治《だざいおさむ》の生家・斜陽館と同じ設計者らしい。

同行のカメラマンは、ハットを被った僕のショットが欲しいという。ポーズを取るも、照れも恥じらいもない世代となった自分に気付く。

続いて、明治期に建てられた百石町《ひゃっこくまち》展示館の喫茶コーナーでコーヒーブレイク。弘前は、カフェや文化施設に再利用された伝統的建造物が驚くほど多い。コーヒーを飲み終わって立ち上がろうとしたところへ、

「うわっ、こんにちは。わたし酒蔵をやっております」

ちょうど隣の卓へ着こうとしたご婦人から挨拶された。聞けば、お城近くの齋藤《さいとう》酒造店の社長だった。土蔵をはじめ古式ゆかしい酒蔵建築が自慢らしい。さっそく、蔵見学にお邪魔する都合を整えた。酒蔵は、お城から岩木川《いわきがわ》の方へ下って行く途中の角地にあった。外壁の長さが広い敷地を思わせ、代表銘柄「松緑《まつみどり》」の幟《のぼり》が随所にはためく。何よりも目を引くのは、外壁に沿って聳《そび》え立つレンガ煙突だ。シンプルで薄い褐色が澄んだ天の青に際立つ。

「松緑」の名は、中庭に残る樹齢三〇〇~四〇〇年となる老松にちなんでいる。ひんやりと薄暗い蔵の中、どこからか、いくぶんポップな音楽が聞こえてくる。もしやと思って、作業衣の蔵人《くらびと》に訊ねた。すると、その杜氏らしき男性が目を輝かせて即答。

「酵母菌に聴かせているんですよ」

そう言えば、鹿児島県の枕崎《まくらざき》で鰹節《かつおぶし》作りにクラシック音楽を聴かせるところがあった。燻した鰹節にカビ付けする工程でモーツァルトの曲を流す。この鰹節、不思議なほど美味《うま》く感じる。双方ともミュージシャンや曲に対する強いこだわりを持っており、大真面目なところが微笑《ほほえ》ましい。

齋藤酒造店からの帰路、市中の街並みに紛れて建つ小さな酒蔵があった。蔵壁に「豊盃《ほうはい》」の二文字を見つけた。なんと馴染《なじ》みの銘柄だ。酒場めぐりが目的で弘前を訪れた時、この酒との蜜なる出会いがあった。代官町《だいかんちょう》の奥まった小路に暖簾を掲げる居酒屋「土紋《どもん》」でのこと。酒の品揃えは全て「豊盃」のみというのが店のウリだった。カウンターの中ほどに座った僕は店の主と女将の薦めに従って、純米酒、生酒、濁り酒等々……様々な種類の「豊盃」を次々と飲み干していった。注がれた酒は表面張力で盛り上がり、受け皿まで満たす。幾種類かのスマートな器で、一〇杯ぐらいは頂いただろうか。

「いやいや類さん、一五杯でしたよ。店の全種類ですから」

二度目に「土紋」を訪れた時、女将が苦笑いしながら言った。なるほど、「土紋」のすぐ後にお邪魔したらしい親方町《おやかたまち》の焼き鳥店「鳥ふじ」の記憶が曖昧なのも納得。場所すらも思い出せないままでいた。けれど、そんな酔っ払いの夢まぼろしは一刀両断。「鳥ふじ」の店主から同じく弘前の銘酒「斬《ざん》」（カネタ玉田《たまだ》酒造店）が二升、東京の仕事場に届いた。今度「鳥ふじ」にお邪魔する時は、一軒目としよう。

かつて、陸奥《みちのく》の地酒を飲み始めていたころ。最北の地酒は青森市油川《あぶらかわ》の「田酒《でんしゅ》」（西田《にしだ》酒造店）だと思い込んでいた。酒蔵は、羽州《うしゅう》街道と松前《まつまえ》街道の合流地点に位置する。今でも陸奥最奥の地酒といえば「田酒」を筆頭に挙げる酒飲みは多い。

ところが、津軽半島と対峙《たいじ》する下北《しもきた》半島のむつ市にも関乃井《せきのい》酒造があった。海軍の要港だった大湊《おおみなと》にも近く、恐山《おそれざん》寄りの山地ルートを越えて津軽海峡側に出れば大間崎《おおまざき》へ至る。まさに本州最北端の酒蔵。生産した酒の大半が地元で消費されるため、よそに出回ることはほとんどない。それでも蔵では、とっておきの銘柄「祈水《きすい》」を世に売り出し中だった。むつ市に隣接する東通《ひがしどおり》村産の酒米〝駒の舞《こまのまい》〟と一億五〇〇〇万年前の地層を潜ってきた〝ジュラ紀湧水《ゆうすい》〟と呼ぶ仕込み水が使われており、辛口で主張のしっかりとした味わい。地元の食材には頼もしい食中酒向きだろう。稲作には厳しい山背《やませ》の吹く下北の地。盃を交わした米生産者の男性は、終始屈託のない日焼けした笑顔で応える。祈りの水を意味する地酒「祈水」の名にいかなる願いが込められているのだろうか。

蔵は木造で、色褪せた格子と破風《はふ》屋根に吊るされた褐色の杉玉が、レトロな酒肆《しゅし》の風情を漂わす。蔵元が熟成用のホーロー・タンクの並ぶ貯蔵庫を案内してくれた。高所に神棚が設《しつら》えてある。

「酒の神様、京都の松尾大社を祀っております」

奈良、京都の酒造りの伝統が、北前船《きたまえぶね》の航路で陸奥《むつ》湾内の大湊へ伝わったことを窺《うかが》わせる。かつて、五所川原《ごしょがわら》で地元の人たちと催した飲み会の席。津軽弁の中に流暢《りゅうちょう》な関西訛《なま》りを聞いて、驚いた経験がある。その男性に出身地を訊ねてみた。

「オレは生まれも育ちも五所川原だ〜」

との答え。しかもその時飲んだ地酒ラベルの印象が強烈。深紅《しんく》の地に墨文字で「安東《あんどう》水軍」と記されてあった。水軍を率いた安東氏の歴史は諸説が混沌としており、いまだ憶測の域を出ない。よーし、一献の地酒を交わすごと津軽の謎解きに挑もう。そんなつもりで旅するようになった。

下北半島も同じように謎めいていた。〝恐山〟と名の付く独立峰は存在せず、宇曽利湖《うそりこ》の外輪地域を指す言葉だと知ったのは最近だ。アイヌ民族の言葉〝ウソリ〟が訛って〝オソレ〃山になったと伝わる。

運よく東通村の村長と、贅《ぜい》を尽くした寿司屋で一献傾ける機会を得た。純白の四合瓶に金色のロゴが輝く吟醸酒で乾杯。次いで特別純米酒を頂く。陸奥湾、津軽海峡、八戸前沖あたりの北太平洋、と三方から海の幸が運ばれてくる。村長は、豊饒《ほうじょう》の未来を見据えているかのようなキラキラとした眼差し。そして僕に囁《ささや》きかけた。

「あのテレビでの飲みっぷり。見事な演技力ですなー」

えっ！　口に含んだ「祈水」が一瞬、喉元で止まった。どうやらテレビ画面で、僕は酒場の暖簾を潜る前に酔っ払って見えるらしい。酒を飲む前に酔うなんて演技だろうというわけだ。ごめんなさい、そのシーン。謎解きすれば、二軒目の酒場なのです。

縄文土器や土偶がアートとして開花し、落葉広葉樹の巨木の森に覆われていた太古の青森。今は、地理と歴史が時空を超えて錯綜《さくそう》する迷宮のように思える。

IV

横丁を渡る月

立ち酒はハードボイルドの後に

JR神田《かんだ》駅脇《わき》のガード下に、七~八人も並べば満席となるカウンターだけの立ち飲みショット・バーがあった。ただ、店は巨大な高架を支えるコンクリート柱で死角になっており、乗降客の流れる雑踏からも外れていた。立ち寄る客は稀《まれ》で、ほとんどが通りすがりの一見《いちげん》といった様子。ここは僕の知る限り、神田界隈《かいわい》で最もハードボイルドな雰囲気の漂う酒場だった。

店の外観は小さな路面電車と似ており、窓越しに男たちの背中だけが見える。片開きのスイング・ドアは、西部劇に登場するサルーン（酒場）を真似《まね》たものだろう。カウンターへ載せた小銭と引き換えに、ハイボールを軽く呷《あお》って立ち去る。誰かと言葉を交わさずともかまわない。いかにも無頼好みの酒場といえそうだ。けれども、ついついグラスを重ねて滞在時間が延びれば、窮屈な店内での沈黙はかえってストレスとなる。だから、隣り合わせた客たちは、挨拶《あいさつ》程度のぎこちない会話と愛想笑いで場をつなぐ。僕が訪れた当時、ママは四代目で海南島《かいなんとう》出身という、いくぶんおっとりした中国人女性だった。片言の日本語だったが、注文と勘定が通じれば事足りる。

ある日、客としては珍しい中年の男女が、何やら商売上の相談話をしながら飲んでいた。女性がこちらへ視線を向けて会釈する。男性の方はダークスーツに身を包み、無表情で険のある目つきが胡散《うさん》くさい。素性の知れた常連客が多い下町酒場では見かけないタイプだ。ほどなく男性は店を出たが、居残った女性がいきなり馴《な》れ馴れしい態度に変わった。しかも、とっておきの飲み屋を紹介したいと言い始める。無論、悪質な客引きの常套《じょうとう》手段に違いない。

「もう一軒、寄らねばならない店があるから」

そう断ったものの、次の店を出た後までつきまとわれ、ついに彼女の薦める店へ立ち寄る羽目となった。着いた場所は夜更けの雑居ビル街、明かりが消えてゴーストタウンと化している。〝お薦めの店〟とは古びた低層ビルの地下にあり、地上への出入り口は三〜四人乗りの窮屈なエレベーターのみ。おまけに、バーテンらしき巨漢が、扉を開けて待ち構えていた。いったん入店すれば逃げ道はない。万事休すだ。いったい、僕は何人目のカモなのか。ただ、彼らには誤算があった。泥酔気味の女性に比べ、僕の酔いは極めて浅い。地下へ着いたエレベーターから女性を先に降ろし、間髪をいれず手当たり次第に上階ボタンを押した。そのまま地上一階へ取って返し、すたこらっと逃げ出した。

路地の闇《やみ》に紛れて数分後、見覚えのある通りへ出た。そぞろ歩く深夜の街並みがひときわ侘《わび》しく映る。せめてもの慰めは、裏路地の天に浮かぶ月ではなかったろうか。煌々《こうこう》と輝く月下の夜景に安堵《あんど》した。さて、ほろ酔い俳句でも捻《ひね》ろうか。天を仰いで思い浮かんだのが「月《つき》天心《てんしん》貧しき町を通りけり」。与謝蕪村《よさぶそん》の名句だ。もう、あの立ち飲みショット・バーへ足を運ぶことはない。

立ち飲みは、古くは〝立ち酒〟と呼ばれていた。〝出立《しゅったつ》〟あるいは〝別れ〟に際して酌み交わす酒の儀式だった。一種の〝旅酒〟とも言えよう。いつの間にか自らの習慣となった〝旅酒〟と俳句。とりわけ、絵画か映像をイメージさせる蕪村の句に共感する。「狐火《きつねび》や髑《どく》髏《ろ》に雨のたまる夜に」。ともすればネガティブな現実を蕪村が詠めば、シュールで美しい心象風景となる。イラストにも描きやすい。もっとも、俳句などに添える蕪村の図（俳画）は表現力豊かで、現代的イラストと変わらない。

「蕪村さんなあ。酒も飲まはったし、女好きやったさかい……」

先日、仕事がらみでお邪魔した見性寺《けんしょうじ》（浄土宗総本山知恩院《ちおんいん》の末寺）の住職・梅田慈弘《うめだじこう》さんの蕪村解説がユニーク。寺は丹後《たんご》半島の付け根、天橋立《あまのはしだて》で知られる京都府宮津《みやづ》市にある。観光客の集中する天橋立に比べ、〝蕪村寺〟の俗称を持つ見性寺は閑散としていた。

「絵で儲《もう》けた金は、弟子のためなら散財しよるんですわ」

住職は蕪村の大らかで包容力のある人柄を絶賛する。蕪村が三十九歳から約三年半、この見性寺に逗留《とうりゅう》していたことが、京都の友人へ宛てた手紙に記されている。手紙は、浦島太郎が竜宮で遊んだように宮津で過ごしてしまった、との内容。丹後は『日本書紀』『丹後国《たんごのくに》風土記《ふどき》』にも浦島太郎の竜宮伝説発祥の地とされる故事があり、これを踏まえてのことだ。

また、蕪村は二十代後半に得度したと考えられ、浄土宗の僧侶《そうりょ》でもあった。けれど、僧侶の身でありながら近隣の漁村に住む女性と恋仲となるなど、奔放な側面も伝わる。

住職に、蕪村が描いた一枚の仙人図を見せてもらった。額装されてはいるものの、虫食い跡がそここに散らばる。これは、宮津時代の代表的な作品「十二神仙図押絵貼屏風《じゅうにしんせんずおしえばりびょうぶ》」の一つで、鉄拐《てっかい》仙人の下絵だ。すらっとした立ち姿と構図が良く、ほぼ完成図に近い。下絵の筆運びはのびのびとして力強く、鉄拐仙人の表情がリアルに伝わってくる。虫食い跡さえ、モダンな趣《おもむき》を演出しているように思える。

宮津を竜宮に喩《たと》えた蕪村。丹後の酒に舌鼓を打たないはずはない。思いのほか酒蔵の数も多い。蕪村の母〝げん〟の生まれ故郷とされる与謝村（現・与謝野町《よさのちょう》）は宮津からほど近く、二軒の酒蔵がある。宮津時代の蕪村はこの地を訪れているが、母との悲しい別離の思い出も蘇《よみがえ》ったことだろう。蕪村の、幼年期から江戸へ下る二十歳ころまでのことは分かっていない。耐えがたい喪失感を、〝沈黙〟によって耐え抜こうとしたからだ。

与謝野町には母〝げん〟の墓を大切に守り継いできた谷口家《たにぐち》がある。蕪村も一時期、谷口姓を名乗っており、縁者とも考えられる。

「お墓守は、代々当主の妻の役目ですねん」

谷口家の現・当主夫人がいう。明るい黄緑色にモダンな雲形紋様を配した丹後ちりめんの着物姿だった。丹後ちりめんの産地にふさわしい装いが洒落《しゃれ》ている。

谷口家から、家庭菜園を隔てて数分の距離に清楚《せいそ》な墓所がある。菜園のそばにすっかり実の落ちた二本の柿の木が植わっていた。

「家の者は、柿の実を食べたことがないんですわ」

なんと、木登り上手なツキノワグマがやってきて、熟《う》れた柿の実を一つ残らず平らげてしまうらしい。腰かけて折れた小枝や幹の爪跡が生々しい。しかし、夫人の観察眼は冷静で、ツキノワグマに対する恐怖心の片鱗《へんりん》も窺《うかが》わせない。墓所の手入れに際しても差し支えなさそうだった。

ところで、母〝げん〟の死にまつわる言い伝えを訊《たず》ねてみた。

「そうですか、蕪村さんのお母さんが宮津の海で入水《じゅすい》しはったなんて知りませんでした」

夫人は墓守をするだけで、蕪村の母の生涯について聞かされたことはないと話す。蕪村は、自死した母〝げん〟との思い出を一切語ろうとしなかった。そんな蕪村への気遣いが、受け継がれているのだろうか。谷口家からの帰り際、見送りにと馳《は》せ参じてくれた地元の方々から与謝野町の地酒を頂いた。蕪村も与謝村や宮津の人々から温かく見守られたに違いない。

与謝野町を後に、丹後半島の伊根町《いねちょう》へと足を延ばした。外洋の影響を受けない天然池みたいな湾内の漁港町。一階部分に舟が格納できる構造の「舟屋《ふなや》」と呼ばれる二階家は広く知られるところだろう。この「舟屋」が湾を縁取る形で立ち並ぶ町並み。大ヒットした映画やテレビドラマの舞台となったことで、多くの観光客にとってもどこか懐かしさを感じる風景となっていそうだ。伊根町の貴重な伝統的建造物群として保存されている。

丹後の〝旅酒〟の締めは、伊根町にある酒蔵での試飲。気に入った四合瓶を買い求め、湾の畔《ほとり》に酒蔵の一部を改装した吹き抜けのスペースで立ち飲む。丹後の黒い山影と「舟屋」の明かりを映した海面は、時が止まったようなべた凪《なぎ》。

呷ったぐい呑《の》みを胸元で止めて呟《つぶや》いた。

「竜宮かぁ……」

横丁を渡る月

東京の〝新宿ゴールデン街〟や、JR新宿駅の西口にある〝思い出横丁〟は、ガイドブックを携えて散策する外国人観光客が増えた。おそらく、近代的で整った街並みにはない、むき出しの生活臭に、不思議なノスタルジーを感じるからではないだろうか。とりわけ、この二つの横丁が外国人たちに受けるのは、縦横に走る細い迷路のような通りにぎっしりと詰まった飲食店の多さだろう。ゴールデン街のバーやスナックは二〇〇店舗にも及ぶ。

これらの横丁は、戦後のヤミ市（闇市）と呼ばれた露天商がルーツ。昭和二十四（一九四九）年、GHQ（連合国軍最高司令官総司令部）の出した〝闇市撤廃命令〟に端を発し、街並み整備の目的で建てられた共同住宅の集合地だ。〝闇市〟は蔑称であるとされ、後年「ヤミ市」と記すようになった。

また、横丁は長屋タイプの住宅が向き合う構造の区画が基本。均等割り長屋を俯瞰《ふかん》してみればハーモニカの吹き口と似ており、JR吉祥寺《きちじょうじ》駅北口にある商店街の一部を〝ハーモニカ横丁〟と呼ぶ所以《ゆえん》だ。名付け親は、評論家・亀井勝一郎《かめいかついちろう》という。

僕が初めて足を踏み入れた飲み屋横丁は、一九九〇年代のゴールデン街だった。三階建て、三坪の広さが基本の長屋造り。三階部分は天井の低い屋根裏部屋で、改装されて吹き抜けとなっているところも少なくない。通りの端から端までは、ほろ酔って歩いても三〇秒ほど。

ゴールデン街は、花園《はなぞの》街とその周辺の横丁全体をひっくるめての呼び名だ。

当時、ゴールデン街の全盛期は過ぎていたが、映画関係者、編集者の出入りする店はまだ賑《にぎ》わっていた。何軒か馴染《なじ》みの飲み屋があったものの、行きつけというほどの店はなかった。

二〇〇四年、顔見知りのKさんがゴールデン街に鉄板焼きの飲み屋を開業。大阪出身のKさんは、歌舞伎町《かぶきちょう》側の新宿センター街で小さなバーをやっており、その店の二号店ということになる。新宿センター街は中国人マフィアの抗争事件（一九九四年）で世間を騒がせたところ。路地の入り口に〝思い出の抜け道〟と書いた看板がある。

「怖かったですよ。やつら、人を殺しといて冷静そのものやったから」

事件当日、Kさんは二階の窓から顔色一つ変えず立ち去っていく犯人グループを目撃した。凶器はマスコミが報道した青竜刀《せいりゅうとう》ではなく、サバイバルナイフだったらしい。話を聞いて以来、僕はゴールデン街への興味を持ち、Kさんの二号店が行きつけとなった。

ネオンひしめく夜に比べ、昼下りのゴールデン街の風情は一変する。狭い通りの頭上に洗濯物がぶら下がり、猫はおっとりと縁台で昼寝している。もっとも、ここを生活の場とする人は減っており、早晩、洗濯物も猫の姿も消えてしまいそうな気がする。僕は、ゴールデン街の初期から一杯飲み屋を営んでいた老女将《おかみ》の住まいへお邪魔した。長屋が一つにつながった一番長い棟の二階だった。

「通りの角《かど》っこには、しょっちゅう私服の刑事さんが立ってたわね」

ゴールデン街は、売春防止法の施行された後も、俗に〝青線〟と呼ばれる非合法の売春が行われていた。一杯飲み屋の二階、三階は〝ちょいの間〟なる売春スペース。家族を養うために働く女性もいた。

「彼女たちには、ずいぶんと稼がせてもらいましたよ」

一晩に相手をする男性客の数は、この界隈で群を抜いていたという。大女将の懐に入る手数料も破格だったようだ。

一杯飲み屋は、刑事の見回りに備えて警報装置を設《しつら》えている店もあった。女将の座るカウンター内に黒いスイッチボタンが取り付けてあり、それを押すと〝ちょいの間〟の赤ランプが点滅する仕掛け。赤ランプが点滅すると、男女は手早く身づくろいして単なる飲み客を装う。今でも、この装置が残っている店の前をたまに通る。若いオーナーの新規参入が相次ぐ昨今。店舗が新装されるごとに、ゴールデン街の記憶も失《う》せていく。

東京にはヤミ市をルーツとする飲み屋横丁が随所に点在する。JR中央線、中野《なかの》駅周辺の飲み屋街も、その一つ。ゴールデン街同様に世代交代が進んでいる。元は衣料雑貨店が中心のマーケットだったが、今は一大飲食街へと変貌《へんぼう》した。駅前の中野サンモール商店街を抜けると中野ブロードウェイという複合ビルに突き当たる。この付近に、燻《いぶ》されて味わい深い炉《ろ》端《ばた》風居酒屋がある。渓流釣り好きの夫婦が賄《まかな》う。土間と低いカウンターの侘びた佇《たたず》まいに落ち着ける。広島の樽酒《たるざけ》をぬる燗《かん》でもらい、ツマミは炙《あぶ》ったウルメ干し。ドアの隙間《すきま》から老いた猫が中を窺う。

「猫がいなけりゃあ、横丁はネズミだらけになりますよ」

店主はそう訴えて、猫を締め出そうとする町内の風潮に反対してきた。町ぐるみで取り組むノラ猫対策に、捕獲、去勢、里親探しをする「地域猫」の試みがある。ノラ猫と住民とが共存していこうという発想だ。ノラ猫が集まって互いを確認し合う〝猫会議〟について聞いたことがある。以前、それに近い光景を中野の飲み屋街の脇で見た。もう一度、出会いたいと思う。

おでん鍋《なべ》が恋しくなるこの時季、寒月の下の屋台酒ならなおいい。屋台酒でまず思い浮かぶのが大阪だ。シャッターと薄汚れた壁に囲まれた伽藍《がらん》の中、高倉健《たかくらけん》主演のヤクザ映画のポスターが貼られ、ラジカセから健さんの唄《うた》う「網走《あばしり》番外地」が流れる。裸電球に照らし出された昭和映画のワンシーンさながら。大正時代に造られた屋台は、宮大工の技も見え隠れして〝ちょいとした文化財並み〟と評判だった。

屋台の灯《ひ》とネオンが揺れる運河沿いの光景は、どこか浮世離れしている。そんなシーンの中へ紛れるには、ファッションだってさりげない工夫がほしい。ダークな色使いで、ハットかハンティングを被《かぶ》り、軽いストールを巻く。あれっ、どこかで見かけたような……。ぐい呑みを手にしようと、コップ酒だろうと、ロートレックのタッチで描かれた絵のように見えるかも。

今や、屋台は進化を遂げ、イタリアンにワインなんてのも珍しくない。ただ、一口に屋台と言っても地方色は味わえる。必ず、地産の酒、食材と土地の言葉に出会えるからだ。黒ずんだ空が夕焼けに染まり始めるころ。舫《もや》いの切れかかった旅人の心は、屋台へ向かう。

先日、いつもどおり博多《はかた》の屋台酒で締めくくり、定宿としているホテルに辿《たど》り着いた。と、そこまでは良かったが、旅にありがちな大失態を引き起こしてしまったからいけない。それは、いきなり僕が漂流する筏《いかだ》の上で慌てふためく悪夢から始まった。夢は現実となっていた。バスルームのお湯が溢《あふ》れ出し、部屋を水浸しにしている。バスルームへ飛び込んで蛇口を閉めるも、後の祭り。二枚のバスタオルをモップ代わりにして、床のお湯を死にもの狂いで掻《か》き戻した。どうにか洪水を食い止めたのが、未明の四時半。ベッドへ崩れ落ちるように眠り込んだ。

チェックアウト前に、フロントへ連絡して弁償を含む対応を申し出たが、「お気になさらないでください」と、大手ホテルらしい寛大な返答を頂いた。感謝感激です。

若いころ、イタリアのフィレンツェにある老舗《しにせ》ホテルで、これと同じような失敗をしている。やはり、バスルームの蛇口を開けっ放しのままで眠りこけてしまった。疲れ切って荷解きさえしていない。ただ、この時は部屋に溜《た》まった水が廊下へと流れ出したから、事態はもっと深刻。わめき声に飛び起き、鍵穴《かぎあな》から廊下の様子を窺えば、客室清掃のおばさんたちが廊下の浸水に大騒ぎしている。僕は騒ぎの隙を突いて部屋から出、階段を駆け下りてフロントへ直行。涼しい顔でチェックアウトしていた。するとエレベーターから降りてきたおばさんが何やらまくし立てている。

「客のいない部屋の水道管が壊れていて、水洩《みずも》れがひどい」

フロント係が分かりやすい英語で説明してくれた。僕はシーツの上に横たわっただけだから、未使用の部屋と思ってくれたようだ。

もし、深酒の後のホテルで見る夢が〝漂流記〟めいていたら、あなたも真っ先にバスルームへ駆け込もう。

ハイボールは下町ロケットに乗せて

東京の墨田区《すみだ》の押上《おしあげ》駅と葛飾《かつしか》区の青砥《あおと》駅を結ぶ五・七キロの短い私鉄路線・京成《けいせい》押上線。沿線はアパート、マンションなどの住宅と町工場の混在する典型的な東京の下町だ。ガラス工房、世界一細い注射針の製造で話題を呼んだ町工場。僕のお邪魔した夫婦だけで営む旋盤工場は〇・〇二ミリの精度でナットのネジヤマを切る。路地裏に響く子供たちのはしゃぎ声と、漂う機械油の匂《にお》い。

二〇一二年五月に開業した電波塔・スカイツリーは墨田区押上一丁目のランドマークだ。親しい歌人が、スカイツリーを市街地へ突き刺した巨大な虫ピンに喩えて〝都市の標本〟と詠んだ。羽田《はねだ》空港を利用する機上からの俯瞰図にふさわしい表現だろう。この〝都市の標本〟を舞台に展開するテレビドラマ「下町ロケット」が、大変な評判を取っていた。

「たとえ殺人者の役でも出演する価値はありますよ」

一〇年来の付き合いとなるテレビプロデューサーからの説得だった。なんと、僕にこのドラマへの出演オファーがあったのだ。演技の経験はゼロ。思いもかけない話だったが、かねてからの持論〝人生は旅。出会いの全てに臆《おく》せず進もう〟に従った。頂いたのは、野心的な企業家に扮《ふん》する小泉孝太郎《こいずみこうたろう》くんの父親で、下町工場の社長という役どころだ。

ロケは、実際に稼動している機械工場の中で行われた。ぶっつけ本番とあって、短いセリフながら僕にとってハードルは高い。こんな状況下で、互いに見つめ合ったまま演じなければならない。けれども初対面の挨拶を交わした数分間の後、

「もう類さんは、僕の父親みたいに思えます」

と孝太郎くんは言った。あとは、彼の名演技に素のままで従えばいい。

「なんて爽《さわ》やかな青年だろう」

心底そう感じた。工場でのロケに続いて、亡骸《なきがら》となった父を演じた。このシーンは無論、僕のセリフはない。カメラの回る小一時間、〝仏〟の僕は微動だにしなかった。

監督の福澤克雄《ふくざわかつお》さんとお会いできたのは、「下町ロケット」最終回、放送当日の早朝だった。最後の最後にアフレコがあり、セリフの言い回しを威勢のいい〝べらんめえ〟調に修正。監督じきじきの演技指導となった。監督は、本書のタイトル「酒は人の上に……」の本家である福沢諭吉の玄孫《やしゃご》とあって、奇妙な縁を感じてしまう。

「どうせやるからには、凄《すご》いって言われましょうよ」

監督は僕の負けず嫌いの性格を煽《あお》ってくれた。おかげで、アドバイスどおりのセリフが吐けた。ついぞなかった父と子の関係。でも、父親の息子への眼差《まなざ》し。それなら、僕の記憶のどこかにきっとある。

スカイツリーの足元に広がる下町は、今や全国的となった焼酎《しょうちゅう》割りアルコール飲料〝酎ハイ〟こと焼酎ハイボール（下町ハイボール）の発祥したエリアでもある。かつて、この下町を訪れたのは下町ハイボールの〝元祖〟を名乗っていた「三祐酒場《さんゆう》」があったからだ。

「色っぽい俳句を詠んでいただいて嬉《うれ》しいわ」

何度目かに伺った折、女将から声をかけられた。

「月渡る女酒場の身の上を」

店への挨拶句だ。下町ハイボールで有名な酒場ながら、当時は、女性中心で賄っていたのが意外だった。

現在の押上線は高架となり、駅周辺に高層マンションの並ぶ近代都市化が進んでいる。「三祐酒場」は二〇一三年に閉店した。路地裏にあった昭和建築の銭湯ともども跡形もない。ただ、「三祐酒場」の暖簾《のれん》は縁者によって受け継がれており、曳舟《ひきふね》と隣接する八広《やひろ》の地、明治通りに面した場所で今も営業している。

進駐米軍の兵士たちが飲んでいたウイスキーハイボールを真似て作られた焼酎ハイボール。戦後、ウイスキーのような洋酒、いや、ビールや日本酒でさえも、庶民にとっては高嶺《たかね》の花だったころ。焼酎を原材料として使ったことで、安価な庶民派ハイボールが誕生した。

そして、もう一つ、下町ハイボールの元祖を名乗る「小島屋《こじまや》」がある。葛飾区の京成本線堀切菖蒲園《ほりきりしょうぶえん》駅からほど近い小路で営んでいる。変形のコの字型カウンターが特徴で、透明な酎ハイとは異なる杏色《あんずいろ》を帯びた謎《なぞ》のハイボール。数年前までは女将を務めるお母さんが接客、後ろに見え隠れする調理担当がお父さん、という構成で賄っていた。最近は、女将の体調不良とかで、シャイだった娘さんが中心で切り盛りしているらしい。

紅茶ポットから注がれる焼酎ハイボールをビアグラスに受けて飲む。当初、この注ぎ方に唖然《あぜん》とし、ハイボールの謎めいた色を訝《いぶか》しがった。だが、その〝謎〟も、さほど時を待たずに解けた。色は焼酎に風味を付けるための梅エキスだった。

「ずいぶんと長い間、〝謎〟だの〝怪しい〟だのと噂《うわさ》されてきたんですよ」

〝謎〟とされた理由は、細かい取り決めのある酒税法への配慮からだったらしい。中身も製造会社名も曖昧《あいまい》にされた。もっとも、原材料は厳格なる企業秘密。

下町ハイボールには、ガス圧の強い炭酸水が必須《ひっす》。墨田区あたりの下町工場で製造された瓶入りの炭酸水が好まれた。「小島屋」ではハイボールの一杯ごとに、一瓶の炭酸水の栓を勢いよくシュポンと抜いた。飲んだ数の勘定は、空瓶を数えれば済む。

知人のK記者と二人で飲んだ後、カウンター上の列をなした炭酸水の空瓶に気付いて噴き出したことがある。いったい何ケース分の本数だったろうか。下町ハイボールの似合う時季となったら、また出かけてみたい。

「ハイボール弾ける初夏のブルージーン」

下町に限らなければ、〝ホイス〟や〝バイス〟などといった蒸留酒を割るための飲料名が話題に上る酒場はある。

墨田区、葛飾区とは反対側の西南に位置する大田《おおた》区、目黒《めぐろ》区界隈の庶民的な居酒屋を覗《のぞ》くといい。モツ（ホルモン）焼きのシロ（腸）がたいそう旨《うま》い新橋《しんばし》の大衆酒場「野焼《のやき》」でも、この二品をメニューに掲げている。未知の味との遭遇をお楽しみあれ。

ところで「野焼」のシロを食した時、あまりの旨さゆえ、その食感の表現に戸惑った。特に弾力のある噛《か》みごたえと、ツルツルでミルキーな舌触りは喩《たと》えようがなかった。ところが、最近ひょんなことでベルギー産の生チョコレートを口中に放り込み、それが溶け始めた途端、「野焼」のシロの食感が蘇った。味覚の優劣の決定に、食感は大きな決め手となっていそうな気がする。

モツ肉料理は、ほぼ大衆酒場の定番メニューに入っている。とはいえ、モツ肉の部位にまで精通している飲兵衛はそれほど多くない。まして、店や地域によっても部位の呼び名は異なる。以前、僕も牛モツ料理の専門店で、メニュー表記の意味する部位が分からずに注文を躊躇《ちゅうちょ》したことがある。

ふくよかでまろやかな食感と出汁《だし》味に、感極まった経験がある。高知市内にあった酒場の名店「とんちゃん」にて供してもらった〝どろがゆ〟という一品だ。粥《かゆ》に山芋のような根菜類をすりおろしてとろみを加えたのだろうが、詳しいレシピは知らない。ただ、そこはかとない懐かしさと、真綿で包まれたような温《ぬく》もりが込み上げてくる。啜《すす》り終えた粥椀《かゆわん》を置いて、吹き抜けの天井を見上げた。開け放たれた天窓の真ん中に、煌々と輝く満月が浮かんでいる。

「おはようございます。昨日は休肝日だったんですね」

早朝の山歩きで出会う登山者から声がかかる。僕を酒飲みと知っての挨拶だ。ところが、朝の里山歩きを習慣としている僕にとって前日の酒量は関係ない。むしろ酒気払いか、深酒に対する禊《みそぎ》の意味合いを込めている。だから飲んだ翌朝の山歩きこそ、疎かにしたくない。

旅の多い我が身にとって、各地の里山は健康維持のための大切なトレーニング場。高知なら五台山《ごだいさん》、松山なら城山《しろやま》、徳島なら眉山《びざん》というように、各地の里山登山を楽しむ。東京の高尾山《たかおさん》と札幌の藻岩山《もいわやま》は、僕にとってのホームグラウンドだ。

どの里山登山のコースにも視界の広がる尾根筋があり、天地を見渡せる。尾根に延びる登山道を、郷里の方言で「峰」と呼ぶ。今でも自分が峰歩きを続けるのは、なぜだろう。少年期、月明かりに照らされた夜の峰道をよく歩いた。

ひょっとすると、あのころ見上げた「月のゆくえ」を探しているのだろうか。

虹を酒の肴に

「マタギになるつもりだべか」

僕が逗留していた牧場の当主アッシ老人が呆《あき》れ顔で問うた。野生動物の写真が撮りたくて北海道を旅していたころの話で、もう二〇年以上も昔のことだ。かつてアッシ老人は狩猟で生計を立てていた。村田銃《むらたじゅう》を携え、主に単独で獲物を追っていた。北海道では、〝独りマタギ〟とでもいうような熊撃ち名人の噂を時折耳にする。狩猟経験の豊富な彼も地元ハンターたちの長老格で、一目置かれていた。

牧場敷地内の古い母屋《おもや》に一人で暮らし、農道を隔てて建つ新築家屋が息子家族の住まいだ。

口数が少なく、至ってマイペースに飄々《ひょうひょう》と日課をこなす。小柄ながらかくしゃくとしており、ハンター特有の厳しい眼差しを覗かせもする。アッシ老人の遅い晩酌に付き合って、よく狩猟の話を聞いた。母屋を訪ねる時の手土産《てみやげ》は、二・七リットルのペットボトルに入った甲類焼酎。大胆なタッチのカタカナ文字で書かれたロゴ〝ビッグマン〟がヒグマを連想させる。肴《さかな》は、鮭《さけ》トバか氷下魚《こまい》のような干物を炙れば十分だった。

滞在期間中、四輪駆動を駆って牧場から裏山へ至る林道にたびたび入った。最初に行き当たる沢の浅瀬をローギアで勢いよく渡る。そこからは野生の領域。淡いピンクのサクラソウが群生し、谷にはギョウジャニンニクの香りが漂う時季もある。

ある日、山頂へのルート探しが目的で谷筋を登った。行く手にトリカブトの青い花が一叢《ひとむら》揺れる。しかし、なぜか見かけるはずのエゾシカの群れも、他の生き物の気配も一切ない。不気味な沈黙に息を殺してゆっくりと進む。すると突然、強烈な刺激臭に見舞われた。ヒグマは自分の臭《にお》いを特定の場所に付けて存在をアピールする。俗に言うマーキングスポットにぶつかったのだ。その尋常ならざる獣臭に恐怖心が増幅。もう、ルート探しどころではない。脱兎《だっと》のごとく林道の車まで逃げ下りた。

その夜、いつもどおり淡々と焼酎を呷るアッシ老人に谷での出来事を伝えた。

「見てもしねえで、それほど恐ろしかっただか」

彼はそう言って笑った。野生のヒグマに出会ったことのない僕の恐怖心は、想像の産物でしかない。日高《ひだか》の山に入るなら遭遇して当たり前のヒグマ。僕はアッシ老人のアドバイスどおり、手製の山刀と槍《やり》を作ることにした。御守り代わりとはいえ、アオダモの柄《え》に取り付けた槍とプロの手で仕上げてもらった山刀は実用に堪える。ハンターの護衛なしに野生の領域を単独で歩くなら、最低限の装備だろう。

今度は、山腹の別ルートで頂上を目指すことにした。ルートは腰丈ほどの笹薮《ささやぶ》に覆われ、山頂まで見通しが利く。だが、かつての伐採跡だろうか、笹薮に隠れた幾つもの穴ぼこがスムーズな移動を許さない。笹ダニに襲われるのは覚悟の上で、エゾシカの造った獣道を辿ることにした。七合目あたりまで上り詰めた時のこと、脇のダケカンバ林からドドーンと地面を踏み砕くかの大音響が轟《とどろ》いた。木立の陰にエゾシカの大ぶりな角先が見え隠れする。オスの大鹿が何かを飛び越えた弾みの衝撃音だったのだろう。地面を覆う腐葉土がリアルな振動を伝える。僕は腰の山刀へ手をかけて身構えた。エゾシカから攻撃してくることはまずないが、メスを守ろうとする繁殖期のオスは侮れない。しばらくオス鹿の立ち去るのを待った。

獣道を外れてほどなく山頂に着いた。強風に曝《さら》されて歪《ゆが》んだダケカンバと岩場。眺望はまずまずで、牧場や岬の丘陵、海と空のぼんやりと溶け合う水平線まで見渡せる。岩に腰を下ろそうとしたところ、褐色の蛇が目に入った。岩場を這《は》う蛇は、頭も胴もずんぐりと大きい。マムシだった。早々に下山を始めた。林道へ戻って一息つき、装備を解きながら車の窓ガラスに映った我が身。登山者というよりマタギに見えなくもない。目を移せば、襟裳《えりも》の海を照らす西日がオレンジ色に染まり始めていた。

その後、僕は幾度かヒグマと遭遇している。恐ろしさを感じるどころか、日の光を受けて変化するヒグマの毛並みに神々《こうごう》しささえ覚えた。アッシ老人と二人で乗った車に驚いて、林道脇の繁《しげ》みから飛び出してきたヒグマもいた。同じ年、牧場内に入り込んだヒグマをアッシ老人の長男がライフルで仕留めた。クマ肉は鍋にするよりステーキの方が軟らかく食せる。ビールとの相性も悪くないが、稀少《きしょう》種の肉。頬張《ほおば》りながらも、複雑な思いが込み上げる。

稀少種と言えば、日本最大の淡水魚イトウをご存じだろうか。近年までは青森、岩手にも生息していたが、本州からはすっかり姿を消してしまった。北海道全域にいたイトウも、今や道北へ追いやられている。

前年、旅雑誌の企画でイトウ釣りにチャレンジする機会を得た。場所は道北の天塩《てしお》山地にある朱鞠内湖。ワカサギを餌に生息し、個体数も豊富らしい。イトウは年に一〇センチほど成長するとも言われ、寿命が長い。ネットで検索すると、かつて十勝川で体長二・一メートルのイトウが捕獲されたという記述があった。アイヌ伝説には、エゾシカを襲うイトウまで登場する。だが、とかく釣りの話に尾ひれはつきもの。

イトウ釣りは荒れた天候が続いた翌日だった。五人乗りボートを二艘《そう》用意してもらい、昼前に朱鞠内湖の船着き場から出航。湖面は薄濁りの状態で透明度も低い。渓流釣りなら好条件の一つといえる。ボートは湖の真ん中を突っ切り、バウンドしながら最奥の釣りポイントへ向かう。前方の左側に分厚い雨雲のかかった山々が望め、虹《にじ》が現れ始めた。進むにつれて濃さを増し、たちまち不気味なほどの大虹がくっきりと結んだ。ボートのみんなは、しきりにシャッターを切る。これこそ天塩山地を領する神の啓示に違いない。

湖面を疾走すること三〇分。樺《かば》の木立が迫るポイントに着いた。湖面に突き出た倒木にボートを係留し、虹色のスプーン型ルアーを選んだ。白濁した水中にキラキラと見え隠れする派手なルアーなら、イトウはファイトを挑んでくるはず。けれど僕のルアー釣りは二〇年ぶり。インストラクターNさんの指導に従い、凪いだ湖面へ一投目を飛ばすもボチャッと近場に落ちて失敗。ようやく三投目あたりから飛ばせるようになった。そして五投目でヒット。

同時に竿《さお》がUの字にしなり、糸は右へ左へと走る。引きは強力。どうにかボートの縁へ巻き寄せたところへ、カメラマンを乗せたもう一艘のボートが追い付いてきた。

「もっと泳がせて、竿のしなりを撮らせてください」

なんて無茶な注文だろう。

「大きい！　八五センチはありますね」

同行スタッフたちがどよめく。イトウはNさんの差し出したタモ網に納まった。Nさんと感激の握手。そして二匹目もヒット。平凡なサイズだ。

「このカットがあれば、写真は十分ですから」

誰かの声がかかるも、もう僕の釣り魂に火がついてしまった。最後のひと振りを約束して、朱鞠内湖のヌシが潜む狭い河川状の奥へと分け入る。湖面は透明度を増し、イトウらしき魚影も行き交う。ボートの進入が困難となって静かに停止。その二〇メートルほど先に怪しく光る小さな入江を発見した。ヌシの聖域に違いない。正真正銘のワンチャンス。外せば諦めて引き返すほかない。

無心でルアーを飛ばした。ルアーは木の枝を縫ってすーっと伸び、最奥のピンポイントへ奇跡的に吸い込まれた。間を置かず荒々しい魚信がツツンとくるも、合わせずに引き寄せる。

続いて二度目の魚信も合わせずに待つ。距離が一〇メートル以内に近づき、糸の張ったところでガツンと合わせた。イトウとの駆け引きはここからが容易じゃあない。イトウがボートを引っ張り、倒木の暗がりへと潜り込む。格闘すること一五分、イトウは全身を露《あら》わにした。なんと一メートル超え。

一時間半ほどルアーを振って釣果《ちょうか》は三匹。返しのない一本針の使用と、無傷でリリースするルールは守れた。

「幻じゃないことを知ってほしくて、わざと釣られたんでしょう」

釣行《ちょうこう》を動画で記録したスタッフの一人が言う。あの時の虹は、やはり神の御《み》しるしだった。

当面、僕と酒席を共にするなら、酒の肴は朱鞠内湖のイトウ話だよ。

聖《ひじり》は酒の滝に打たれて

このところ、僕の酒場めぐりは中世から語りつがれた小栗判官《おぐりはんがん》説話と交錯している。この説話は説経節《せっきょうぶし》の代表作となり、浄瑠璃《じょうるり》や歌舞伎の演目として人気を博した。

物語は、小栗が美女に化身した大蛇と契りを結んだことに始まる。父親の怒りを買い、常陸国《ひたちのくに》（現在の茨城県）へ追放となった小栗。やがて美しい照手姫《てるてひめ》と恋に落ちるも、姫の一門に毒殺されてしまう。だが、死んだ小栗は閻魔《えんま》大王の計らいでこの世に〝餓鬼阿弥《がきあみ》〟というゾンビ状態で戻され、紀州《きしゅう》熊野《くまの》の湯《ゆ》の峰《みね》温泉へと導かれる。そこで〝つぼ湯〟へ浸《つ》かって元の身体に蘇り、めでたく照手姫と結ばれてハッピーエンド。

「ガイドブック風に、分かりやすく解説した本です」

熊野古道・中辺路《なかへち》ルートとつながる湯の峰温泉で出会った安井理夫《やすいただお》さんから『小栗判官物語』と題された本を頂いた。自費出版ながら、A5判で丁寧な装丁のハードカバーだ。安井さんによると、小栗の物語は熊野信仰の根底に流れる〝浄穢不二《じょうえふに》〟の思想を汲《く》んでおり、貴賤《きせん》もなければ浄も不浄もない、すぐれた仏教説話だと説く。

「地名もリアルに残っていますから」

安井さんは、数メートル下の川沿いにある〝つぼ湯〟と記された小屋へ視線を向けた。予約をすれば三〇分単位で借り切ることができる。狭い谷筋の流れには、高温の源泉があちこちから湧《わ》き出して冷水と混ざり合うらしい。

「下流の〝湯筒〟で温泉卵が茹《ゆ》で上がりましたよ」

同行のK君が知らせに来た。囲いの中の〝湯筒〟からネットに入った熱々の卵を引き上げた。脇に水道が設置されており、卵を冷やして食せる。塩をまぶしてパクつき、缶ビールを呷った。川を跨《また》ぐ橋の上から、家族連れの観光客が笑顔でこちらを見下ろしている。缶ビールを高く差し上げて乾杯のポーズで応えた。湯には浸かれなかったが、湯気だけでも効能を得られそうだ。

次に熊野三山の一つ、熊野本宮大社を訪れた。宮司さんにお会いするなり、本宮大社の歴史を尋ねてみた。本宮大社の移転した理由を知りたかったからだ。

「山の森林伐採が原因で起きた水害です。つまり人災なんです」

熊野川《くまのがわ》（新宮川《しんぐうがわ》）の中州に華麗な建築美を誇った熊野本宮境内は明治二十二（一八八九）年、大洪水で壊滅した。当時の絵図を見ると、境内へ河川が巧みに取り込まれており、地上の竜宮を想像してしまう。敷地面積が今の八倍もあったようだ。

伐採されたのは、熊野川上流域にある奈良県十津川《とつかわ》村の山林。村の被害は甚大で、多数の被災者たちが北海道への開拓移住を余儀なくされている。

「本宮大社の復興は数年で成りました」

熊野信仰は自然そのものが対象。信仰心と自然の回復力が一体となって果たせた、と宮司さんは力説する。

「類さんの持久力は、修行ならぬ〝酒行〟の賜物《たまもの》ですな」

笑顔で言われて気を良くした僕。その足で熊野川の河口にある酒蔵・尾崎《おざき》酒造へお邪魔し、社長に案内していただいた。酒蔵の裏手はそのまま熊野川の堤防沿いとなる。やはり気になるのは熊野川の水質、そして川の氾濫《はんらん》という。母屋と隣り合う棟の中で、まず蔵の代表銘柄

「太平洋」を試飲。仕込み水はもちろん熊野川の伏流水だ。ぐいーっと頂くと、すぐさまツマミが欲しくなる。奥方が勝浦《かつうら》名物イラギのみりん干しを炙ってくださった。これが大ヒット。試飲という名の酒盛りとなる。イラギはサメ肉の切り身を干したもの。辛口の男っぽい酒に合わせれば見事に響き合う。お次は、是非にと薦めていただいた銘柄「くまの那智《なち》の滝」。なんとも透明感のあるすっきり味だ。

「那智の滝の仕込み水で造りました」

そう聞くと、聖水を含むようでますます幸福感を覚える。これで夜の酒場探訪に弾みがついた。

暮れなずむ太平洋は酒蔵と目と鼻の先、夜へ傾くあわいの絶景を見逃す手はない。防潮林を抜ければ、熊野川が運んだ玉石《たまいし》で埋め尽くされた海岸線へと至る。怒濤《どとう》が逆巻き、玉石の浜を繰り返しえぐっては吐き戻す。洗い浄《きよ》められて光る石の一つ一つが魂のように思えてくる。

夜の酒場は、生真面目な女将のもとへと地元っ子が集う食事処「きく」。太平洋の残像が脳裏にゆらいでいるせいか、酔いもひとしおで、情緒の安定も危うい。常温に、燗にと、「太平洋」をぐびりぐびり。果ては〝記憶の残像〟まで呑み干した。

朝日を浴びると、なぜか心身ともに蘇る。熊野速玉《はやたま》大社ゆかりの神倉《かみくら》神社へ参拝することにした。ご神体の〝ゴトビキ岩〟が、誰が数えたのか石段を五三八段登った神倉山の尾根筋に鎮座している。参道となっている石段は源 頼朝《みなもとのよりとも》が寄進したと言われているくらい古く、特別急峻《きゅうしゅん》なことで有名。危険な個所の石段の幅は狭く、僕の靴のサイズに限りなく近い。見上げる者に、これほど圧迫感と緊張を強いる参道はそうない。

どうにか登ってご神体を拝んだものの、問題は下りにあった。慎重な足運びをしているところ、一メートルほど後ろをこわごわと下りてくるK君らしき気配がする。しかし、振り返って確かめるゆとりはない。すると案の定、〝あわわっ〟と声が聞こえて足を滑らせた様子。ゴツゴツッと仰向《あおむ》けに倒れたらしい鈍い音がした。とっさに僕は〝カーッ（喝）〟の怒声を発した。母方の祖父が得意とした〝足止めの術〟だ。転倒した当人が慌てふためくと、周りを巻き込む危険がある。僕も巻き添えをくらうのは必至。それゆえ、とっさに声が出た。真言密教系の修験者《しゅげんじゃ》でもあった祖父がこの術を使ったらしい。

ある晩、座敷の長押《なげし》でうろつくネズミに祖父が念を集中して〝カーッ〟とやった。驚いたネズミは床に墜《お》ちて失神。祖父は何食わぬ顔でポイッと外へ放り投げたそうだ。この術が上達すれば大型獣だって固まるらしい。

熊野速玉大社の宮司さんからは、不運と幸運とが同時にやってきたなんて話を伺った。その昔、近くで開催されていた花火大会の飛び火で社殿が炎上した。ちょうど大相撲《おおずもう》の地方巡業中だった力士たちが宿泊中のこと。大社に伝わる宝物を力士たちみんなで運び出したおかげで燃やさずに済んだ。不運と幸運だけではなく強運もあるとの教訓だろうか。お礼を述べて、社殿の中庭からお暇《いとま》しようとしたその時。突如、轟々《ごうごう》たる地鳴りとともに強烈な振動が地の底から沸騰し始めた。これにはさすがに僕の〝足止めの術〟も通じない。とうとう南海トラフ地震か、と覚悟したところで境内は静寂を取り戻した。震源地は地元の田辺《たなべ》、震度4。いよいよ熊野詣《もうで》が完結の日を迎えた。大門坂《だいもんざか》の石畳を登って熊野那智大社へ辿り着いた。一足上るごとにツキモノでも落ちたのだろうか、我が身が軽い。心穏やかになったところで落差一三〇メートル余りの「那智の滝」を仰いだ。天から一条の光のように注がれる聖水。いや、仕込み水をイメージして口を開けた男は、まだまだ〝酒行〟が足りないかもしれん。

東京へ戻って数日後、酒場めぐりを兼ねて神奈川県相模原市を訪れた。近くの横山《よこやま》丘陵には〝てるて姫の里「ロマン探訪の小路」〟という散策コースがある。通りの名称や、ハナモモ（花桃）に〝てるて〟と名付けて植樹するなど、小栗説話にあやかっての町おこしも盛んだ。またしても、小栗判官の説話と絡んでしまう。物語のあらすじに「武蔵《むさし》相模の郡代《ぐんだい》横山の娘で、日光山《にっこうさん》の申し子・照手姫の美しさを聞き」云々《うんぬん》の記述がある。横山丘陵の〝横山〟は照手姫の父に当たる人物の姓にちなむ。

相模原のどこかで出会うかもしれない照手姫の末裔《まつえい》。酔いが回れば妄想が膨らむ。ただ、どこを見渡しても落ち着ける居酒屋があるとは思えない町並。古くからの農地を多く残し、丹沢《たんざわ》山地を望む都市近郊のベッドタウンだ。夕闇が迫っても赤提灯《あかちょうちん》一つ見つかりそうにない。

けれど、夜の帳《とばり》が下りたころ、ごく普通の住宅街の中、民家にしては明るいオーラを放つ玄関口を見つけた。ガラガラッと入り口の格子戸を引けば、東京の下町とそっくりな大衆酒場の光景が広がる。

もとより、土地ごとの伝承を肴に地酒でほろ酔うのが好みだ。潑剌《はつらつ》とした女性に、つい照手姫の面影を追ってしまう。でも目覚めたら、美女は深い淵《ふち》に棲《す》む大蛇だったなんて……。

そんな経験、あったっけ？

狸囃子に誘われて

十一月から年明けにかけて例年のごとく飲酒日が集中する。しかも旅の宿りを常とする我が身。せめてものトレーニングに軽い山歩きを習慣づけている。このままだとカロリーの過剰摂取で登山可能な体重維持が危うい。危機感を募らせていた矢先、仕事仲間のA君から初詣を兼ねた山歩きの誘いが携帯メールに届いた。未定だった登り初《ぞ》めは、一月二日と日取りが決まった。

札幌での忘年会を終えた翌朝の大晦日《おおみそか》。さっそく足慣らしにと歩き慣れた藻岩山へ登った。標高五三一メートルの里山といえども、原始林の保存された登山コースは野性味たっぷり。

積雪は山裾《やますそ》で六〇センチほどあり、尾根筋へ近づくほど深くなる。踏み跡のはっきりした登山道ながら、体調は思うに任せない。やっとのことで札幌市街を見渡せる分岐点へ辿り着いた。山頂へ至るルートと違って、縦走路は踏み跡が不明瞭《ふめいりょう》。「草上の酒宴」の回（二二〜二三頁）で、カラフルなショールをまとった老女が忽然《こつぜん》と消えたエピソードを紹介したが、今回はその尾根あたりで引き返すことにした。分岐点から五〇メートルほど踏み入ったところだ。例の老女とよく似たお地蔵さんが脇で雪に埋もれていた。

予定を早めて新千歳《しんちとせ》空港へ着く。朝飯抜きの空きっ腹には、空港ビル内の飲食店街から来る匂いがたまらん。懸案のダイエットはどこ吹く風。馴染みの寿司屋の暖簾を潜《くぐ》った。寿司をパクつき、あれやこれやと地酒の誘惑に屈したところで仙台行きフライトの時刻となった。仙台からは新幹線に乗り換えて福島入り。夕刻に福島駅近くのホテルへ到着した途端、福島市在住で、地元放送局を退職したばかりの酒豪Iさんから連絡が入った。元日のラジオ番組出演のため、僕が前日に現地入りするだろうと読んでいた。Iさんは酒の誘い以外に用件のあったためしがない。

「飲み屋のオヤジが店を開けて待ってるようでね」

僕は一軒ぐらいならお付き合いしましょう、と答えて落ち合った。だが、着いたお店はもぬけの殻。いきなり僕らは肩透かしを食った。Iさんの来店を知った店主が早仕舞いしたのか。はたまた、のっぴきならない事情が店主に起こったのか。急遽《きゅうきょ》、女将が一人で賄う焼き鳥屋へ。四〜五人の客がテレビの格闘技番組を観ながら飲んでいた。

「お久しぶりです」

女将に挨拶された。愛想を返したが、果たしていつお邪魔したのか見当もつかない。Iさんのキープしていた焼酎の一升瓶は空き、代わって僕が一本入れた。ひと区切りついてタクシーでホテルへ戻れるものと思っていたら、途中、なんとIさんの奥方が乗り込んできた。これでは区切りどころじゃあない。結局、所替えしての居酒屋で乾杯に次ぐ乾杯。二人のお酌攻勢から逃れたのは年が改まる少し前。別れ際に記念写真を撮った相手はIさんだったか、それともタヌキの置物だったろうか。

明けて元日、午前中は福島県の酒を復興のバネにしようというラジオ番組にゲスト出演。居酒屋を借り切ってのライブ中継だ。盃《さかずき》を重ねるにつれ、場が温もってくる。終始和やかに番組は進んだ。初仕事が他ならぬ福島県の美酒を味わいながらというのも縁起がいい。ラジオ中継を終えて数時間後、僕は久々に東京の空気を吸った。

そして、翌日の初登山は高尾山の峰歩き。A君は愛妻と精神科医の青年を連れてやってきた。僕たちは混雑の少ない稲荷山《いなりやま》コースで軽快なスタートを切った。けれど日頃の運動不足からか、みんなの足運びは鈍い。奥高尾の城山《しろやま》を目指したものの、目標半ばの紅葉台《もみじだい》に建つ茶店であえなく頓挫《とんざ》した。とはいえ紅葉台の見晴らしも悪くない。

茶店のテラス卓を囲み、彼方《かなた》に聳《そび》える雪化粧の初富士へ缶ビールで献杯する。燗酒とおでんを追加しての酒盛りは小一時間ほど続いた。冬の日の夕暮れは早い。下山の途についたけれど、ケーブルカーもリフトも大混雑。ショートカットを諦めて、ほろ酔いのままポピュラーなルート、1号路を下った。

「河川敷の〝たぬきや〟は営業しているそうですよ」

A君が次なる酒席の目星をつけようとしていた。〝たぬきや〟は多摩川《たまがわ》の渡し場跡に残った茶店。奇跡的に今も営業しているが、少々遠い。高尾山口まで下山した後、私鉄線とJR南武線を乗り継ぎ、最寄り駅から徒歩で多摩川の河川敷へと向かう。夢とも現《うつつ》ともつかない疲労困憊《こんぱい》の状態で茫々《ぼうぼう》たる河原へ分け入った。枯れ芒《すすき》の向こうに狐火のような灯が揺れる。あれは〝たぬきや〟に違いない。揺れる明かりを指してみんなを促した。僕は野晒《のざら》しの床几《しょうぎ》へ腰を下ろして一息つく。そのまま微睡《まどろ》んだのかもしれん。

誰かに声をかけられたのか、うたた寝から覚めた。川風に乗って三味線《しゃみせん》の音が聞こえてくる。扉が開いて入ってきたのは一人の三味線芸者。恭《うやうや》しく正座してお座敷流儀の礼をした。三味線の調子も整い、「はっ」と甲高い声を発してから小唄が流れ始める。見覚えのある映画ポスター、ガラス戸の向こうは多摩川の支流。ようやく、事態が呑み込めた。な〜んだ、ここは僕の仕事場じゃあないか。しかも、恒例となった正月の飲み会の最中だ。この日は仕事場を開放し、一切のセッティングも人任せ。知人の芸妓《げいこ》が花を添えに駆けつけてくれていたのだ。

「今回はフェイスブックでの配信となります」

連日行動を共にしたA君が説明する。ひたすら飲み食いして酔っ払う会の様子がインターネットで流れる。もともと仲間内に向けて配信していたが、今では大勢の人がグラスを傾けながら視聴しているらしい。中心となるのはDJ、ミュージシャン、角界の親方ら、酒を上手に楽しむ〝太平《たいへい》ボーイズ〟の面々。この〝太平ボーイズ〟が結成されたのは、四谷《よつや》の裏小路の居酒屋「太平山酒蔵《たいへいざんさかぐら》」でのこと。せっかくの酒の縁だからと意気投合し、店の屋号をもじって〝太平ボーイズ〟と名付けた。

六年ほど前のことになる。そして、あの3・11。数日後、僕らは震災被害とどう向き合えるかを話題として集まった。酒飲みはしょせん酒飲み。できることなんてたかが知れている。それでも、せめて東北の酒を飲むことで応援になりはしないか。花見さえはばかる自粛ムードのなか、支援チャリティーを催した。以来、チャリティーと飲み会は続いている。酒の縁はまた人の縁でもあった。

再びドアが開いた。今度は、カスタネットを打ち鳴らしてフラメンコダンサーが踊り込んできた。彼女は花のような香りを川風に乗せて振りまく。

次いで、お笑いタレントが持ちネタの〝絵描き歌〟を披露して爆笑を誘う。ハットがトレードマークのギタリスト、ジャズ系ミュージシャン、FMラジオのパーソナリティー、長身のファッションモデル。いずれもお馴染みの顔ぶれだ。入れ替わり立ち替わりの出入り口は、あたかも何かの巣穴のようでカラフルに賑わう。炬燵《こたつ》の周りは酔ったあげくに眠り込む者も出る。僕も例に洩れず石地蔵のように固まって眠りこけた。

混沌《こんとん》たる新年会も佳境を迎えた。親方の十八番《おはこ》、相撲甚句の唄声が夢の中を優雅に貫いて木霊《こだま》してゆく。

「そろそろ撮影機材を片付けます」

果てしないと思われた新年の宴がお開きとなる。A君は、撮影機器の片付けを手伝って引き揚げようとしていた。僕は、昨日の河川敷での記憶が、すっかり抜け落ちていることを告げた。

「携帯写真に残ってますよ」

〝たぬきや〟の写真には満面の笑みが寄り集まっていた。ふさふさの尻尾《しっぽ》の混ざったショットもある。タヌキが酔客に化けて座していたなら嬉しい。

最後の客が帰った。

ひとりの時間が戻る夜更け。ベランダの植木に絡ませたLEDの青いイルミネーションが侘しい。せめて狸囃子《たぬきばやし》でも聞こえてきやしないかと耳を澄ませてみる。その音を辿って行きつくのは、タヌキの化けたダンサーやら力士やらの酒宴。やがて、宴《うたげ》の幻も煙のように消え失せる。ただひとり取り残された酔いどれが僕だった――なんて、顚末《てんまつ》。

酔えば虚と実の〝あわい〟をさまよい、ランダムに記憶を喪失する。それは単に不安の要因となるだけなのだろうか。

いやいや。酒は、時空を自在に浮遊する息吹《いぶき》を魂に吹き込む妙薬でもある。

酒縁はめぐる——あとがきにかえて

一九九〇年代半ば、東京の下町から始まった酒場めぐり。ところを移しては、盃《さかずき》を呷《あお》る日々が続いた。夜ごとに酔って夢の中をさまよい、醒《さ》めれば一切が忘却の淵《ふち》へと帰す。出会いて悦《よろこ》び、また別れてひとり涙する。心安んじることとてない我が道のり。これを狂気の沙《さ》汰《た》とも思わず繰り返して四半世紀が過ぐ。

しかるにその反面。飲み干す仕草が、合掌して天を拝する姿に通ず。時折、四国お遍路旅のような心持ちになる。ここらで一息つくのも悪くない。来し方を振り返ってみた。そこで編んだのが、本書。多生の〝酒縁〟でお目に留まれば恐悦至極と存じます。

とまあ、こんな時代がかった口上でエピローグの口火を切らせていただいた。

「あなたの飲み方を見て、すぐ高知人と分かったよ」

幾人もから言われた。酒場で見ず知らずの客と乾杯し、すぐさまその場に馴染《なじ》んでしまう。テーブル一つを囲んで飲めば分け隔てがない。それが、土佐人流の飲み方らしい。僕も無意識のうちにやってしまう。人懐っこいが礼儀知らず、と否定的な感じ方をする向きもある。けれど、人とのコミュニケーションをとるには有効な飲み方だろう。束《つか》の間《ま》の〝逢瀬《おうせ》〟かもしれないことを思えばなおさらだ。そんな飲み方のおかげで〝酒縁〟は日本列島の隅々へと広がる。

「高知で過ごした印象を踏まえて、一句詠んでいただけませんか」

高知県立文学館主任学芸員Kさんたっての要望だった。小柄な女性で大の酒好き。土佐酒アドバイザーでもある彼女は、〝酒と文学展〟と題する展覧会を企画。高知県ゆかりの作家と、僕の俳画を合わせて展示したいという。副題が『土佐日記』から吉田類まで〟と振っていたから照れくさい。

高知の故郷からの出立《しゅったつ》は、糸の切れた凧《たこ》のように呆気《あっけ》なかった。ぷつんと絶たれたからこそ、故郷の記憶はくっきりと浮かび上がる。なかでも感受性の育つ少年時代、画家のY先生との出会いは鮮烈だった。〝唯一無二の個性〟こそ、芸術の根幹をなすパワーだと唱えておられた。少なからず僕の人格形成に影響している。

もう一つ脳裏に刻まれているのが尋常ならざる大きさの火の玉。小学校六年生の夏、突如現れた火球《かきゅう》の光線を浴びて僕は固まった。黒い峰影を煌々《こうこう》とよぎる巨大な隕石《いんせき》の目撃。それは、少年の無垢《むく》な魂には底知れない恐怖だった。一時、性格が変わるほどのトラウマを負う。その年の晩秋、僕は故郷を離れた。あの日の火球と、旅人生への門出が重なる。Kさんに応えて詠んだ一句。

「火球飛ぶ唯一無二の門出かな」

酒場めぐりの拠点となった下町、門前仲町を久しぶりに散策する。焼き鳥屋「APOLLO」に顔を出した後、行列のできる大衆酒場「魚三《うおさん》」を覗《のぞ》けば相変わらずの満席。ガラスの引き戸に手をかけるも、思いとどまった。

永代通りを挟んだ富岡八幡宮にお参りし、西隣の深川不動堂の参道をそぞろ歩く。梵字《ぼんじ》に賑々《にぎにぎ》しく装飾された不動堂の新本堂は数年前に建立された。参道の中ほどに立ち飲みをさせてくれる酒屋がある。素通りできずに入った。壁側の冷蔵ショーケースに一五〇種前後の地酒が揃《そろ》う店内。客が二人、ラフに独酌を楽しんでいる。職人風の中年男性と、もう一人は地元の主婦かもしれん。若い女性店員が僕に気付いた。二階の事務所からフロアへ降りてきた店長のOさんにお薦めの純米酒を注いでもらい、イブリガッコをガリリとやりながら飲む。街並みが驚くほど小綺麗《こぎれい》になり、下町風情は日に日に薄らいでゆく。そんな感傷にふけっていると、参道から女性が一人ふらりと入ってきた。モデル張りの器量よし。

美女はショーケースの中から水色の一升瓶を取り出し、店員のいるカウンターへ歩み寄った。さっさと支払いを済ませてUターン。瓶の栓を開け、もう一方の手に持ったグラスへ白い液体を注いだ。薄濁りの微発泡酒に違いない。味は高級なシャンパンに似て爽快《そうかい》な旨味《うまみ》を持つ。そして立ち飲みスペース真ん中の席へ着く。僕の視線を先刻承知しているのか、こちらを向いてにっこり。

「薄濁りがお似合いですね」

と、冷静を装って応じるのが精いっぱい。

「これも好きなんです」

艶《つや》っぽい口元でそれとなく〝地酒通〟たることをアピールする。僕の心臓脇《わき》の内ポケットで携帯が震えている。店先で待つ女性スタッフからだ。おもむろにメールを開く。
「美・魔・女?」と、ある。くわばらくわばら。僕は魔女に会釈《えしゃく》して店を出た。
時につれ、街は変貌《へんぼう》してゆく。東京の下町もしかり。
やはり、この町の酒場から目が離せない。

吉田　類

二〇一七年十二月

初出一覧（『中央公論』掲載）

千鳥足はラテンのリズムで　二〇一五年十月号

Ⅰ　さくらさくらで一杯

鎮守の森のひとしずく　二〇一六年四月号
酒神の降りてきた日　二〇一六年五月号
草上の酒宴　二〇一六年六月号
さくらさくらで一杯　二〇一七年四月号
哲学する酒樽　二〇一七年五月号
美女ほろ酔うて　二〇一七年六月号

Ⅱ　ビバ！　麦酒!!

風に月見草　二〇一六年七月号
ビバ！　麦酒!!　二〇一六年八月号
パリのバックパッカー　二〇一六年九月号

初出一覧

盃に揺れる青き幻影　二〇一七年七月号
旨酒を集めて早し……　二〇一七年八月号
鴉天狗のハッピーアワー　二〇一七年九月号

Ⅲ　浮かれ酒は御神酒で

背徳の美酒　二〇一五年十一月号
東京下町パラダイス　二〇一五年十二月号
赤ワインに揺れるガジュマルの樹　二〇一六年十月号
浮かれ酒は御神酒で　二〇一六年十一月号
青い森の迷宮　二〇一六年十二月号

Ⅳ　横丁を渡る月

立ち酒はハードボイルドの後に　二〇一六年一月号
横丁を渡る月　二〇一六年二月号
ハイボールは下町ロケットに乗せて　二〇一六年三月号
虹を酒の肴に　二〇一七年一月号
聖は酒の滝に打たれて　二〇一七年二月号
狸囃子に誘われて　二〇一七年三月号

俳句・短歌索引

俳句・短歌索引

扉写真　中田綾子
（東京・神田の居酒屋「みますや」にて）

吉田 類（よしだ・るい）

高知県出身．イラストレーター，エッセイスト，俳人．酒場や旅をテーマに執筆活動を続けている．BS-TBS「吉田類の酒場放浪記」（2003年9月放送開始）に出演中．『東京立ち飲みクローリング』（交通新聞社），『酒場歳時記』（NHK出版），『酒場詩人・吉田類の旅と酒場俳句』（KADOKAWA），『酒場詩人の流儀』（中央公論新社）ほか著書多数．

酒《さけ》は人《ひと》の上《うえ》に人《ひと》を造《つく》らず
中公新書 *2472*

2018年1月25日発行

著 者 吉田 類
発行者 大橋善光

本文印刷 暁印刷
カバー印刷 大熊整美堂
製 本 小泉製本

発行所 中央公論新社
〒100-8152
東京都千代田区大手町1-7-1
電話 販売 03-5299-1730
　　 編集 03-5299-1830
URL http://www.chuko.co.jp/

定価はカバーに表示してあります．落丁本・乱丁本はお手数ですが小社販売部宛にお送りください．送料小社負担にてお取り替えいたします．

本書の無断複製（コピー）は著作権法上での例外を除き禁じられています．また，代行業者等に依頼してスキャンやデジタル化することは，たとえ個人や家庭内の利用を目的とする場合でも著作権法違反です．

©2018 Rui YOSHIDA

Published by CHUOKORON-SHINSHA, INC.
Printed in Japan ISBN978-4-12-102472-5 C1295

中公新書刊行のことば

一九六二年一一月

　いまからちょうど五世紀まえ、グーテンベルクが近代印刷術を発明したとき、書物の大量生産は潜在的可能性を獲得し、いまからちょうど一世紀まえ、世界のおもな文明国で義務教育制度が採用されたとき、書物の大量需要の潜在性が形成された。この二つの潜在性がはげしく現実化したのが現代である。

　いまや、書物によって視野を拡大し、変りゆく世界に豊かに対応しようとする強い要求を私たちは抑えることができない。この要求にこたえる義務を、今日の書物は背負っている。だが、その義務は、たんに専門的知識の通俗化をはかることによって果たされるものでもなく、通俗的好奇心にうったえて、いたずらに発行部数の巨大さを誇ることによって果たされるものでもない。現代を真摯に生きようとする読者に、真に知るに価いする知識だけを選びだして提供すること、これが中公新書の最大の目標である。

　私たちは、知識として錯覚しているものによってしばしば動かされ、裏切られる。私たちは、作為によってあたえられた知識のうえに生きることがあまりに多く、ゆるぎない事実を通して思索することがあまりにすくない。中公新書が、その一貫した特色として自らに課すものは、この事実のみの持つ無条件の説得力を発揮させることである。現代にあらたな意味を投げかけるべく待機している過去の歴史的事実もまた、中公新書によって数多く発掘されるであろう。

　中公新書は、現代を自らの眼で見つめようとする、逞しい知的な読者の活力となることを欲している。

中公新書

哲学・思想

a 1

1 日本の名著（改版） 桑原武夫編
1999 現代哲学の名著 熊野純彦編
2187 物語 哲学の歴史 伊藤邦武
2378 保守主義とは何か 宇野重規
2288 フランクフルト学派 細見和之
2300 フランス現代思想史 岡本裕一朗
2036 日本哲学小史 熊野純彦編著
832 外国人による日本論の名著 佐伯彰一・芳賀徹編
1696 日本文化論の系譜 大久保喬樹
2243 武士道の名著 山本博文
312 徳川思想小史 源了圓
2097 江戸の思想史 田尻祐一郎
2276 本居宣長 田中康二
2458 折口信夫 植村和秀
1989 諸子百家 湯浅邦弘

2153 論語 湯浅邦弘
36 荘子 福永光司
1695 韓非子 冨谷至
1120 中国思想を考える 金谷治
2042 菜根譚 湯浅邦弘
2220 言語学の教室 西村義樹・野矢茂樹
1862 入門！論理学 野矢茂樹
448 詭弁論理学（改版） 野崎昭弘
593 逆説論理学 野崎昭弘
2087 フランス的思考 石井洋二郎
1939 ニーチェ ツァラトゥストラの謎 村井則夫
2257 ハンナ・アーレント 矢野久美子
2339 ロラン・バルト 石川美子
674 時間と自己 木村敏
1829 空間の謎・時間の謎 内井惣七
814 科学的方法とは何か 浅田彰・黒田末寿・佐和隆光・長野敬・山口昌哉
1986 科学の世界と心の哲学 小林道夫

1333 生命知としての場の論理 清水博
2176 動物に魂はあるのか 金森修
2203 集合知とは何か 西垣通

宗教・倫理

中公新書

日本史

d1

2189 歴史の愉しみ方 磯田道史
2455 日本史の内幕 磯田道史
2295 天災から日本史を読みなおす 磯田道史
2389 通貨の日本史 高木久史
2321 道路の日本史 武部健一
2299 日本史の森をゆく 東京大学史料編纂所編
1617 歴代天皇総覧 笠原英彦
2302 日本人にとって聖なるものとは何か 上野誠
1928 物語 京都の歴史 脇田修・脇田晴子
2345 京都の神社と祭り 本多健一
482 倭国 岡田英弘
147 騎馬民族国家(改版) 江上波夫
2164 魏志倭人伝の謎を解く 渡邉義浩
1085 古代朝鮮と倭族 鳥越憲三郎
2462 大嘗祭—天皇制と日本文化の源流 工藤隆
1878 古事記の起源 工藤隆
2157 古事記誕生 工藤隆
2095 『古事記』神話の謎を解く 西條勉
804 蝦夷(えみし) 高橋崇
1041 蝦夷《えみし》の末裔 高橋崇
1622 奥州藤原氏 高橋崇
1293 壬申の乱 遠山美都男
1568 天皇誕生 遠山美都男
1779 伊勢神宮—東アジアのアマテラス 千田稔
1607 飛鳥—水の王朝 千田稔
2371 カラー版 古代飛鳥を歩く 千田稔
2168 飛鳥の木簡—古代史の新たな解明 市大樹
2353 蘇我氏—古代豪族の興亡 倉本一宏
2464 藤原氏—権力中枢の一族 倉本一宏
291 神々の体系 上山春平
2362 六国史《りっこくし》—日本書紀に始まる古代の「正史」 遠藤慶太
1502 日本書紀の謎を解く 森博達
1802 古代出雲への旅 関和彦
2457 光明皇后 瀧浪貞子
1967 正倉院 杉本一樹
2054 正倉院文書の世界 丸山裕美子
2452 斎宮—伊勢斎王たちの生きた古代史 榎村寛之
2441 大伴家持 藤井一二
1240 平安朝の女と男 服藤早苗
1867 院政 美川圭
2281 怨霊とは何か 山田雄司
608 613 中世の風景(上下) 阿部謹也・網野善彦・石井進・樺山紘一
1503 古文書返却の旅 網野善彦
1392 中世都市鎌倉を歩く 松尾剛次
2127 河内源氏 元木泰雄
2336 源頼政と木曽義仲 永井晋
2461 蒙古襲来と神風 服部英雄
2470 倭の五王 河内春人

中公新書

日本史

d2

RC 1886 中公新書

日本史

d3

2380 ペリー来航 西川武臣
1621 吉田松陰 田中彰
2291 吉田松陰とその家族 一坂太郎
2047 オランダ風説書 松方冬子
2297 勝海舟と幕末外交 上垣外憲一
1840 長州戦争 野口武彦
1666 長州奇兵隊 一坂太郎
1619 幕末の会津藩 星亮一
1958 幕末維新と佐賀藩 毛利敏彦
1754 幕末歴史散歩 東京篇 一坂太郎
1811 幕末歴史散歩 京阪神篇 一坂太郎
2268 幕末維新の城 一坂太郎
60 高杉晋作 奈良本辰也
69 坂本龍馬 池田敬正
1773 新選組 大石学
2040 鳥羽伏見の戦い 野口武彦
455 戊辰戦争 佐々木克
1554 脱藩大名の戊辰戦争 中村彰彦
2256 ある幕臣の戊辰戦争 中村彰彦
1235 奥羽越列藩同盟 星亮一
1728 会津落城 星亮一
1033 王政復古 井上勲

世界史

1353 物語 中国の歴史 寺田隆信
2392 中国の論理 岡本隆司
2303 殷—中国史最古の王朝 落合淳思
2396 周—理想化された古代王朝 佐藤信弥
2001 孟嘗君と戦国時代 宮城谷昌光
12 史記 貝塚茂樹
2099 三国志 渡邉義浩
7 宦《かん》官《がん》(改版) 三田村泰助
15 科《か》挙《きょ》 宮崎市定
1812 西《せい》太《たい》后《こう》 加藤徹
166 中国列女伝 村松暎
2030 上海 榎本泰子
1144 台湾 伊藤潔
925 物語 韓国史 金両基
1367 物語 フィリピンの歴史 鈴木静夫

1372 物語 ヴェトナムの歴史 小倉貞男
2208 物語 シンガポールの歴史 岩崎育夫
1913 物語 タイの歴史 柿崎一郎
2249 物語 ビルマの歴史 根本敬
1551 海の帝国 白石隆
1866 シーア派 桜井啓子
1858 中東イスラーム民族史 宮田律
1660 物語 イランの歴史 宮田律
2323 文明の誕生 小林登志子
1818 シュメル—人類最古の文明 小林登志子
1977 シュメル神話の世界 岡田明子 小林登志子
1594 物語 中東の歴史 牟田口義郎
1931 物語 イスラエルの歴史 高橋正男
2067 物語 エルサレムの歴史 笈川博一
2205 聖書考古学 長谷川修一

中公新書

世界史

2050 新・現代歴史学の名著 樺山紘一編著
2223 世界史の叡智 本村凌二
2267 世界史の叡知 悪役・名脇役篇 本村凌二
2253 禁欲のヨーロッパ 佐藤彰一
2409 贖罪のヨーロッパ 佐藤彰一
2467 剣と清貧のヨーロッパ 佐藤彰一
1045 物語 イタリアの歴史 藤沢道郎
1771 物語 イタリアの歴史 II 藤沢道郎
1100 皇帝たちの都ローマ 青柳正規
2413 ガリバルディ 藤澤房俊
2152 物語 近現代ギリシャの歴史 村田奈々子
2440 バルカン―「ヨーロッパの火薬庫」の歴史 M・マゾワー 井上廣美訳
1635 物語 スペインの歴史 岩根圀和
1750 物語 スペインの歴史 人物篇 岩根圀和
1564 物語 カタルーニャの歴史 田澤耕

1963 物語 フランス革命 安達正勝
2286 マリー・アントワネット 安達正勝
2466 ナポレオン時代 A・ホーン 大久保庸子訳
2027 物語 ストラスブールの歴史 内田日出海
2318 2319 物語 イギリスの歴史(上下) 君塚直隆
2167 イギリス帝国の歴史 秋田茂
1916 ヴィクトリア女王 君塚直隆
1215 物語 アイルランドの歴史 波多野裕造
1546 物語 スイスの歴史 森田安一
1420 物語 ドイツの歴史 阿部謹也
2304 ビスマルク 飯田洋介
2434 物語 オランダの歴史 桜田美津夫
2279 物語 ベルギーの歴史 松尾秀哉
1838 物語 チェコの歴史 薩摩秀登
2445 物語 ポーランドの歴史 渡辺克義
1131 物語 北欧の歴史 武田龍夫
2456 物語 フィンランドの歴史 石野裕子

1758 物語 バルト三国の歴史 志摩園子
1655 物語 ウクライナの歴史 黒川祐次
1042 物語 アメリカの歴史 猿谷要
2209 アメリカ黒人の歴史 上杉忍
1437 物語 ラテン・アメリカの歴史 増田義郎
1935 物語 メキシコの歴史 大垣貴志郎
1547 物語 オーストラリアの歴史 竹田いさみ
1644 ハワイの歴史と文化 矢口祐人
2442 海賊の世界史 桃井治郎
518 刑吏の社会史 阿部謹也
2451 トラクターの世界史 藤原辰史
2368 第一次世界大戦史 飯倉章

中公新書

現代史

- 2105 昭和天皇　古川隆久
- 2309 朝鮮王公族—帝国日本の準皇族　新城道彦
- 765 日本の参謀本部　大江志乃夫
- 632 海軍と日本　池田清
- 2192 政友会と民政党　井上寿一
- 377 満州事変　臼井勝美
- 1138 キメラ—満洲国の肖像（増補版）　山室信一
- 2348 日本陸軍とモンゴル　楊海英
- 1232 軍国日本の興亡　猪木正道
- 2144 昭和陸軍の軌跡　川田稔
- 76 二・二六事件（増補改版）　高橋正衛
- 2059 外務省革新派　戸部良一
- 1951 広田弘毅　服部龍二
- 1532 新版 日中戦争　臼井勝美
- 795 南京事件（増補版）　秦郁彦
- 84 90 太平洋戦争（上下）　児島襄
- 2465 日本軍兵士—アジア・太平洋戦争の現実　吉田裕
- 2387 戦艦武蔵　一ノ瀬俊也
- 2337 特攻—戦争と日本人　栗原俊雄
- 244 248 東京裁判（上下）　児島襄
- 1307 日本海軍の終戦工作　纐纈厚
- 2119 外邦図—帝国日本のアジア地図　小林茂
- 2015 「大日本帝国」崩壊　加藤聖文
- 2296 日本占領史 1945-1952　福永文夫
- 2175 残留日本兵　林英一
- 2411 シベリア抑留　富田武
- 828 清沢《きよさわ》洌《きよし》（増補版）　北岡伸一
- 2171 治安維持法　中澤俊輔
- 1759 言論統制　佐藤卓己
- 2284 言論抑圧　将基面貴巳
- 1711 徳富蘇峰　米原謙
- 1243 石橋湛山　増田弘
- 2471 戦前日本のポピュリズム　筒井清忠

中公新書

現代史

f2

2186 田中角栄　早野　透
1976 大平正芳　福永文夫
2351 中曽根康弘　服部龍二
1574 海の友情　阿川尚之
1875 「国語」の近代史　安田敏朗
2075 歌う国民　渡辺　裕
2332 「歴史認識」とは何か　大沼保昭　江川紹子
1804 戦後和解　小菅信子
2406 毛沢東の対日戦犯裁判　大澤武司
1900 「慰安婦」問題とは何だったのか　大沼保昭
2359 竹島―もうひとつの日韓関係史　池内　敏
1990 「戦争体験」の戦後史　福間良明
1820 丸山眞男の時代　竹内　洋
2237 四大公害病　政野淳子
1821 安田講堂 1968-1969　島　泰三

2110 日中国交正常化　服部龍二
2385 革新自治体　岡田一郎
2137 国家と歴史　波多野澄雄
2150 近現代日本史と歴史学　成田龍一
2196 大原孫三郎―善意と戦略の経営者　兼田麗子
2317 歴史と私　伊藤　隆
2301 核と日本人　山本昭宏
2342 沖縄現代史　櫻澤　誠

現代史

f3

27 ワイマル共和国　林 健太郎
478 アドルフ・ヒトラー　村瀬興雄
2272 ヒトラー演説　高田博行
1943 ホロコースト　芝 健介
2349 ヒトラーに抵抗した人々　對馬達雄
2448 闘う文豪とナチス・ドイツ　池内 紀
2329 ナチスの戦争 1918-1949　R・ベッセル 大山 晶訳
2313 ニュルンベルク裁判　A・ヴァインケ 板橋拓己訳
2266 アデナウアー　板橋拓己
2274 スターリン　横手慎二
530 チャーチル（増補版）　河合秀和
1415 フランス現代史　渡邊啓貴
2356 イタリア現代史　伊藤 武
2221 バチカン近現代史　松本佐保
2437 中国ナショナリズム　小野寺史郎

1959 韓国現代史　木村 幹
2262 先進国・韓国の憂鬱　大西 裕
2324 李光洙《イグァンス》―韓国近代文学の祖と「親日」の烙印　波田野節子
1763 アジア冷戦史　下斗米伸夫
1876 インドネシア　水本達也
2143 経済大国インドネシア　佐藤百合
1596 ベトナム戦争　松岡 完
1664 1665 アメリカの20世紀（上下）　有賀夏紀
1920 ケネディ―「神話」と実像　土田 宏
2244 ニクソンとキッシンジャー　大嶽秀夫
2140 レーガン　村田晃嗣
2383 ビル・クリントン　西川 賢
1863 性と暴力のアメリカ　鈴木 透
2381 ユダヤとアメリカ　立山良司
2236 エジプト革命　鈴木恵美
2415 トルコ現代史　今井宏平
2330 チェ・ゲバラ　伊高浩昭

2163 人種とスポーツ　川島浩平

言語・文学・エッセイ

j1

中公新書 1886

言語・文学・エッセイ

中公新書

芸術

k1

1741 美学への招待 佐々木健一
2072 日本的感性 佐々木健一
1296 美の構成学 三井秀樹
1220 書とはどういう芸術か 石川九楊
2020 書く―言葉・文字・書 石川九楊
2014 ヨーロッパの中世美術 浅野和生
1938 カラー版 フランス・ロマネスクへの旅 池田健二
1994 カラー版 イタリア・ロマネスクへの旅 池田健二
2102 カラー版 スペイン・ロマネスクへの旅 池田健二
118 フィレンツェ 高階秀爾
385・386 カラー版 近代絵画史（上下）（増補版） 高階秀爾
2052 印象派の誕生 吉川節子
1781 マグダラのマリア 岡田温司
1998 キリストの身体 岡田温司
2188 アダムとイヴ 岡田温司
2369 天使とは何か 岡田温司
2425 カラー版 ダ・ヴィンチ 絵画の謎 斎藤泰弘
2232 ミケランジェロ 木下長宏
2292 カラー版 ゴッホ〈自画像〉紀行 木下長宏
1988 日本の仏像 長岡龍作
1827 カラー版 絵の教室 安野光雅
1103 モーツァルト H・C・ロビンズ・ランドン 石井宏訳
1585 オペラの運命 岡田暁生
1816 西洋音楽史 岡田暁生
2009 音楽の聴き方 岡田暁生
2395 ショパン・コンクール 青柳いづみこ
1477 銀幕の東京 川本三郎
2325 テロルと映画 四方田犬彦
1854 映画館と観客の文化史 加藤幹郎
1946 フォト・リテラシー 今橋映子
2247・2248 日本写真史（上下） 鳥原学

中公新書

環境・福祉

r1

自然・生物

s1

中公新書

地域・文化・紀行

t1

285 日本人と日本文化 司馬遼太郎 ドナルド・キーン
605 絵巻物に見る日本庶民生活誌 宮本常一
201 照葉樹林文化 上山春平編
1921 照葉樹林文化とは何か 佐々木高明
299 日本の憑きもの 吉田禎吾
799 沖縄の歴史と文化 外間守善
2298 四国遍路 森 正人
2151 国土と日本人 大石久和
1810 日本の庭園 進士五十八
1909 ル・コルビュジエを見る 越後島研一
246 マグレブ紀行 川田順造
1009 トルコのもう一つの顔 小島剛一
1408 イスタンブールを愛した人々 松谷浩尚
2126 イタリア旅行 河村英和
2071 バルセロナ 岡部明子
2032 ハプスブルク三都物語 河野純一
1624 フランス三昧 篠沢秀夫
1634 フランス歳時記 鹿島 茂
2183 アイルランド紀行 栩木伸明
1670 ドイツ 町から町へ 池内 紀
1742 ひとり旅は楽し 池内 紀
2023 東京ひとり散歩 池内 紀
2118 今夜もひとり居酒屋 池内 紀
2234 きまぐれ歴史散歩 池内 紀
2326 旅の流儀 玉村豊男
2331 カラー版 廃線紀行—もうひとつの鉄道旅 梯 久美子
2290 酒場詩人の流儀 吉田 類
2096 ブラジルの流儀 和田昌親編著
2472 酒は人の上に人を造らず 吉田 類

中公新書

地域・文化・紀行

t2

- 560 文化人類学入門（増補改訂版） 祖父江孝男
- 741 文化人類学15の理論 綾部恒雄編
- 2315 南方熊楠《みなかたくまぐす》 唐澤太輔
- 2367 食の人類史 佐藤洋一郎
- 92 肉食の思想 鯖田豊之
- 2129 カラー版 地図と愉しむ東京歴史散歩 竹内正浩
- 2170 カラー版 地図と愉しむ東京歴史散歩 都心の謎篇 竹内正浩
- 2227 カラー版 地図と愉しむ東京歴史散歩 地形篇 竹内正浩
- 2346 カラー版 地図と愉しむ東京歴史散歩 お屋敷のすべて篇 竹内正浩
- 2403 カラー版 地図と愉しむ東京歴史散歩 地下の秘密篇 竹内正浩
- 2335 カラー版 東京鉄道遺産100選 内田宗治
- 2012 カラー版 マチュピチュ―天空の聖殿 高野潤
- 2327 カラー版 イースター島を行く―モアイの謎と未踏の聖地 野村哲也
- 2092 カラー版 パタゴニアを行く 野村哲也
- 2182 カラー版 世界の四大花園を行く―砂漠が生み出す奇跡 野村哲也
- 2444 カラー版 最後の辺境―極北の森林、アフリカの氷河 水越武
- 1869 カラー版 将棋駒の世界 増山雅人
- 2117 物語 食の文化 北岡正三郎
- 415 ワインの世界史 古賀守
- 1835 バーのある人生 枝川公一
- 596 茶の世界史（改版） 角山栄
- 1930 ジャガイモの世界史 伊藤章治
- 2088 チョコレートの世界史 武田尚子
- 2438 ミルクと日本人 武田尚子
- 2361 トウガラシの世界史 山本紀夫
- 2229 真珠の世界史 山田篤美
- 1095 コーヒーが廻り世界史が廻る 臼井隆一郎
- 1974 毒と薬の世界史 船山信次
- 2391 競馬の世界史 本村凌二
- 650 風景学入門 中村良夫
- 2344 水中考古学 井上たかひこ